Pitch Skills und Überzeugungs-Knigge 2100

Elevator Pitch, Geldgeber beeindrucken, Feuer versprühen

Horst Hanisch

© Zweite Auflage: 2021 by Horst Hanisch, Bonn

© Erste Auflage: 2017 by Horst Hanisch, Bonn

Bibliografische Information der Deutschen Nationalbibliothek: Die Deutsche Nationalbiblio-thek verzeichnet diese Publikation in der Deutschen Nationalbibliografie; detaillierte biblio-grafische Daten sind im Internet über dnb.dnb.de abrufbar.

Der Text dieses Buches entspricht der neuen deutschen Rechtschreibung.

Aus Gründen der einfacheren Lesbarkeit wird auf das geschlechtsneutrale Differenzieren, zum Beispiel Mitarbeiter/Mitarbeiterin weitestgehend verzichtet. Entsprechende Begriffe gelten im Sinne der Gleichbehandlung für beide Geschlechter.

Idee und Entwurf: Horst Hanisch, Bonn

Lektorat: Alfred Hanisch †, Bonn: Annelie Möskes, Bornheim

Buchsatz: Guido Lokietek, Aachen; Horst Hanisch, Bonn

Umschlag: Christian Spatz, engine-productions, Köln; Horst Hanisch, Bonn

Fotos: Umschlag: Christian Spatz, engine-productions; Fotos, wenn nicht anders angegeben, und Zeichnungen: Horst Hanisch, Bonn

Herstellung und Verlag: BoD – Books on Demand, Norderstedt

ISBN: 978-3-7526-4031-1

Pitch Skills und Überzeugungs-Knigge 2100

Elevator Pitch, Geldgeber beeindrucken, Feuer versprühen

Horst Hanisch

Inhaltsverzeichnis

VORWORT 7

Innovative Geschäftsidee hier –

Interessierte Geldgeber dort 7

HINFÜHRUNG 10

DIE CHANCE ERGREIFEN 10

Flink denken und überzeugend

auftreten 10

TEIL 1 – PITCHES UND EINZIGARTIGKEIT 14

EINE BESONDERE IDEE IN

KONZENTRIERTER FORM PRÄSENTIEREN

.... 15

„WIE KÖNNEN WIR BEIDE ZU MATERIELLEM

ERFOLG KOMMEN?" 15

Elevator Pitch 15

Wagniskapitalgeber wollen

investieren 19

Sales Pitch 21

LASST BILDER SPRECHEN 25

Einsatz von Folien – aber

professionell 25

Pitch Deck – Präsentation mit

Folieneinsatz 25

Visualisierung – Der Einsatz von

Medien und Hilfsmitteln 25

Technische Perfektion beim

Präsentieren 31

Pecha Kucha 32

„Wie gestalte ich einen guten Pecha

Kucha?" 33

TEIL 2 – EMPATHIE UND FLOTTE

RHETORIK 38

VERSTÄNDNISVOLL UND EMPATHISCH

KOMMUNIZIEREN 39

„WAS KANN ICH DEM ANDEREN BIETEN?" 39

Authentische Umsetzung 41

Keep it short and simple – Die KISS-

Methode 45

ZEITGEMÄSSE RHETORIK 46

Der ,seriöse' Beginn der Präsentation

.... 46

Der ,überraschende' Einstieg in eine

Präsentation 47

Die Struktur des Hauptteils 50

Das Präsentations-Ende 52

TEIL 3 – FEUER VERSPRÜHEN UND

BEGEISTERUNG ZEIGEN 55

DAS FEUER DER BEGEISTERUNG

ÜBERSPRINGEN LASSEN 56

„WIE KANN ICH MEINE BEGEISTERUNG AUF DEN ANDEREN ÜBERTRAGEN?" 56

Glut entfachen – Feuer entfachen..56

Begeisterung, Glut, Feuer.............57

Das Feuer überspringen lassen 58

Mit allen Sinnen arbeiten 60

Rhetorische Unwörter 64

Die affektive Bedeutung eines Wortes 66

TEIL 4 – KREATIVITÄT UND VERRÜCKTSEIN 73

ÜBER DEN TELLERRAND SCHAUEN 74

„WESHALB NICHT ANDERS DENKEN ALS DIE ANDEREN?" 74

Anders denken und nonkonform handeln 74

Kreativität oder Innovation? 74

Kreativitätstechnik – Die farbigen Denkhüte..........................76

Flexibles Denken und Handeln 81

Verrückt sein 82

Realist sein versus Verrückt handeln? 83

GESCHICHTEN UND GESANG 86

Literarischer Vortrag und moralische Erzählungen 86

Poetry Slam 86

Storytelling 87

Fabel............................. 94

TEIL 5 – ÜBERZEUGEN UND EINWÄNDE ABSCHMETTERN 95

ÜBERZEUGEN UND (ER-)KLÄREN 96

„WIE KANN ICH DEN ANDEREN ÜBERZEUGEN?" 96

Eine wechselseitige Bindung eingehen........................ 96

Kritische Einwände entwaffnen..... 98

Reaktion auf Rückfragen 99

Einwänden begegnen 101

„WIE KANN ICH ONLINE ÜBERZEUGEN?"..... 106

Aus der Ferne überzeugen.......... 106

Geschafft! – Gratulation für Franziska und Niklas................... 113

UMGANG MIT MENSCHEN 119

Adolph Freiherr Knigge.............. 119

Vorwort

Die Idee ist die Haltestelle des Gedankens.
Henri-Louis Bergson, frz. Philosoph
(1859 - 1941)

Innovative Geschäftsidee hier – Interessierte Geldgeber dort

Na, dann halten Sie mal an – und halten Ihre Idee fest. Der oben zitierte Henri-Louis Bergson meint, dass eine Idee den rasenden Gedankenfluss im menschlichen Gehirn anhalten lässt. Das ist die Chance! Die Idee gut festhalten.

Sie sind ein junger oder jung gebliebener, dynamischer, kreativer Mensch, haben eine innovative Geschäftsidee, wollen ein Start-Up gründen, aber ... es fehlen Ihnen die finanziellen Mittel.

Obwohl Sie von Oma und Eltern unterstützt werden, klafft eine immense finanzielle Lücke, um auch nur im Ansatz aktiv werden zu können. Der Ansprechpartner Ihrer Hausbank hat auch schon freundlich abgewinkt. Ihm gefällt die Idee sehr gut, aber – es fehlen leider, wirklich leider die Sicherheiten für ein Darlehen.

Was tun?

Glücklicherweise gibt es die Wagniskapitalgeber, die nur darauf warten, Ihr Geld in eine erfolgversprechende Idee zu investieren. Spezielle Foren und Agenturen regeln die Kontaktaufnahme.

Natürlich ist Ihnen bewusst, dass Sie nicht der Einzige sind, der mit einer ‚Wahnsinns-Idee' auf den Geldgeber zugeht. Also heißt es: überzeugen!

Dabei stolpern Sie schnell über Begriffe wie Elevator Pitch, Pitch Deck, Storytelling, Poetry Slam und andere. Sie wissen, dass Sie Ihren Gesprächspartner in kürzester Zeit menschlich und fachlich überzeugen müssen, dass ein authentisches Auftreten, rhetorische Fitness, deutliche Begeisterung und anderes erwartet werden.

Zeigen Sie Ihre Kreativität, seien Sie etwas verrückt in Ihrer Darstellung, lassen Sie das Feuer der Begeisterung überspringen.

Neuerdings verstärkt: Online-Pitch – Überzeugen über Ferne. Hier gelten zusätzliche Regeln, um seine Ideen optimal zu vermitteln.

Egal ob Präsenz oder Online: Gelingt es Ihnen, das finanzielle Anschubkapital zu erhalten, können Sie Ihre innovativen Ideen in eine nachweisbare Entwicklung umsetzen.

Auf dem Weg zur Realität treten immer wieder zu überwindende Herausforderungen auf. Sie werden voraussichtlich viel Energie und Zeit aufbringen müssen, Ihre Ideen zu verwirklichen.

Gut, wenn die finanzielle Sicherheit gegeben ist.

Dieser Ratgeber soll Ihnen dabei helfen, sich auf Ihre Gesprächssituationen überzeugend vorzubereiten.

Viel Erfolg dabei und ebensolchen bei der Verwirklichung Ihrer Geschäftsidee.

Horst Hanisch

Hinführung

Die Chance ergreifen

Kleine Gelegenheiten sind oftmals der Beginn von großen Unternehmungen.
Demosthenes, gr. Staatsmann und Rektor
(384 - 322 v. Chr.)

Flink denken und überzeugend auftreten

„Na, junger Mann, wie können wir denn Ihrer Meinung nach das anstehende Problem in den Griff kriegen?" So fragt der Vorstand den ‚kleinen' Mitarbeiter, der zufälligerweise in derselben Aufzugkabine nach oben fährt. Das ist die Chance für ihn.

Zuerst einmal wird die oft peinlich entstehende Sprachlosigkeit während einer Aufzugfahrt umgangen und vor allem hat der bis dato eher unbekannte Mitarbeiter die vielleicht einmalige Möglichkeit, seine Meinung und seine Ideen vorzutragen.

Aber aufgepasst: Die Aufzugfahrt währt nicht lange. Die Fahrt dauert nur wenige Sekunden. Wenige Sekunden, in denen der Vorgesetzte überzeugt werden kann.

Idealerweise endet die gemeinsame Aufzugfahrt so, dass der Vorstand zum Mitarbeiter sagt: „Lassen Sie sich mal von meinem Assistenten einen Termin geben. Über Ihre Idee müssen wir uns austauschen."

Toi, toi, toi, lieber Mitarbeiter. Wir drücken die Daumen. Da kann sich eine echte Chance für Ihre berufliche Karriere entwickeln.

Schnelllebigkeit

Es ist schon lange kein Geheimnis mehr, dass unsere Zeit sehr schnelllebig ist. Es wird nicht mehr nur in Minuten gerechnet, sondern in Se-

kunden oder noch kleineren Einheiten, zum Beispiel in eine Nanose-
kunde, ja sogar in Femtosekunde (0,000 000 000 000 001 Sekunde).
Entscheidungen müssen heute und sofort getroffen werden. Ewig lange
Zeit für Planung, Nachdenken und Abwägen ist immer weniger möglich.

Die sogenannten sozialen Medien und die Videokonferenzen haben
deutlich dazu beigetragen, dass heute 24 Stunden am Tag weltweit fast
so kommuniziert werden kann, als säßen die Teilnehmenden einander
gegenüber.

„Wer zu spät kommt …"

Ideen lassen sich so viel schneller austauschen und Projekte starten.
Wer zu spät kommt, hat ein Nachsehen. Damit hat schon Michail Ser-
gejewitsch Gorbatschow (*1931) recht gehabt, als er sagte: „Wer zu
spät kommt, den bestraft das Leben."

Informierte und aufgeklärte Menschen wissen natürlich, dass er diesen
Satz in dieser Art nie gesagt hat. Trotzdem wird er immer wieder damit
zitiert – und der Text passt ja auch so schön.

„Wer zuerst kommt …"

Das heißt also: Derjenige, der zuerst startet, hat einen Vorteil dem anderen gegenüber. Wohlgemerkt muss seine Idee nicht besser sein als
die des Mitbewerbers, er konnte sie lediglich zuerst darstellen. Er hat
also einen deutlichen zeitlichen Vorsprung dem Mitbewerber gegenüber.

Hier ließe sich wunderbar die alte Redewendung zitieren: „Wer zuerst
kommt, der mahlt zuerst". Dieser Spruch stammt noch aus Zeiten, als
die Bauern ihr Getreide zum Müller bringen mussten, der daraus Mehl
mahlte.

Der Bauer, der an zweiter oder gar dritter Stelle eintraf, musste warten, bis er an die Reihe kam.

Bekanntlich ist Zeit Geld, also hat die Wartezeit im übertragenen Sinn Verlust eingefahren.

Schneller, höher, stärker

„Citius, altius, fortius", sagten die alten Römer. „Schneller, höher, stärker" ist das Motto der Olympischen Spiele.

Es lässt sich gut erkennen, dass der Gedanke an Zeit und Zeitverschwendung keine ganz neue Herausforderung ist. Verglichen mit dem Römer und dem Bauern von damals, ist allerdings eine überdeutliche Konzentration der Zeiteinheiten entstanden. Schneller, höher, stärker sowie weiter. So heißt seit langem die Devise in unserer Kultur. Noch ist, bis heute, kein Wandel zu erkennen.

Die meisten Gesellschaften sind darauf ausgelegt, in kürzester Zeit immer mehr zu erreichen.

Jemandem etwas schmackhaft machen

Nähern wir uns weiter unserem Thema, nämlich den Pitch Skills. Was ist ein Pitch? Www.leo.org gibt allein 331 Bedeutungen für das Substantiv Pitch an. In unserem Sinne heißt Pitch: Aufschlag, Anpreisung, jemandem etwas schmackhaft machen, hinwerfen (positiv betrachtet), anstimmen und andere.

In kürzester Zeit soll das Gegenüber, sei es der Vorgesetzte, der Kunde oder ein potentieller Geldgeber, von einer einzigartigen Idee überzeugt werden können.

Die Bezeichnung ‚in kürzester Zeit' sagt aus, dass schnell – und in kompakter Form – die Neugierde des Gegenübers geweckt werden muss.

Besonders interessant und herausfordernd wird es dann, wenn keine – oder so gut wie keine – Vorbereitungszeit vorhanden ist.

Beispielsweise dann, wenn Sie auf einer Netzwerkveranstaltung mit anderen zusammen sind, in einen interessanten Austausch kommen und unerwartet ein anderer fragt: „Wie würden Sie denn diese Sache anpacken?"

Jetzt heißt es, in kürzester Zeit, in kompakter Form und mit Begeisterung den anderen oder die anderen zu überzeugen – von Ihrer Idee.

Dabei ist es in den vorliegenden Überlegungen erst einmal vollkommen egal, um welches Thema es konkret geht. Die Gegebenheit soll lediglich ausdrücken, dass spontan und zielorientiert gehandelt werden kann.

Wer fit ist in den rhetorischen Bereichen des Smalltalks und der Schlagfertigkeit hat bereits Vorteile, einen Pitch erfolgreich zu platzieren.

Der vorliegende Ratgeber soll vermitteln, wie Menschen überzeugt werden können. Lassen Sie das Feuer und Ihre Begeisterung auf den anderen überspringen! Machen Sie sich die kurze Zeitspanne zum Vorteil, um Ihre Ideen überzeugend zu vermitteln – auch im Online-Austausch.

Gutes Gelingen!

Teil 1 – Pitches und Einzigartigkeit

Eine besondere Idee in konzentrierter Form präsentieren

„Wie können wir beide zu materiellem Erfolg kommen?"

Wer eine neue Idee hat, ist ein Spinner, bis die Idee eingeschlagen hat.
Mark Twain (eigentlich Samuel Langhorne Clemens), US-am. Schriftsteller
(1835 - 1910)

Elevator Pitch

Ist einer ein Spinner, nur, weil er eine neue Idee hat? Beginnen wir unseren Ausflug mit dem Elevator Pitch. Steigen Sie ein!

Elevator heißt Aufzug. Weshalb wird von einem Aufzug Pitch, einem Elevator Pitch gesprochen?

Die Wirtschaft im Aufschwung

Lassen Sie uns gedanklich in die USA der vergangenen Jahre gehen. Wir befinden uns dort in einer prosperierenden Stadt; der wirtschaftliche Aufschwung ist überall sichtbar und greifbar. Geschäfte florieren, die Wirtschaft boomt.

Riesenhafte Wolkenkratzer schießen in den Himmel. Sie symbolisieren das Wachstum der Gesellschaft, der Wirtschaft und damit des Umsatzes. Makellos im Business-Outfit gekleidete Menschen eilen eifrig von A nach B, um wichtige Geschäfte abzuwickeln. Aus Geld soll noch mehr Geld werden.

Die großen Häuser strahlen eine unglaubliche Macht aus. Das Empire State Building in New York war mit seinen 381 m Höhe (bis zur Spitze der Antenne 443 m) viele Jahre das höchste Gebäude der Welt.

Nur durch die Erfindung von Aufzügen war es überhaupt möglich, Wohn- und Geschäftsräume in diese Höhe mit immerhin 102 Etagen steigen zu lassen. In diesem Gebäude befinden sich unglaubliche 73 Aufzüge.

Angeblich arbeiten dort etwa 25.000 Menschen und 10.000 leben ständig dort. Das macht zusammen 35.000 Menschen und entspricht der Einwohnerzahl einer mittelgroßen Stadt. Jeden Tag neue Gesichter, andere Menschen, die um einen herumwuseln.

Die rasante Fahrt im Aufzug

Konzentrieren wir uns nun auf Herrn Jonas Miller. Er ist Beschäftigter in einem Unternehmen, das mehrere Büros auf drei Etagen des Gebäudes gemietet hat. Sein Büro befindet sich in der 75. Etage.

Jeden Morgen nimmt er einen der Aufzüge, um dorthin zu gelangen. Meistens sind die Kabinen gut gefüllt; allerdings beachten sich die Menschen in der Aufzugkabine nicht. Jeder hängt seinen eigenen Gedanken nach.

Am heutigen Tag ist es hingegen anders. Eine kleine Gruppe seriös gekleideter Damen und Herren betritt mit Herrn Miller dieselbe Aufzugkabine. Schnell stellt sich heraus, dass die Personen dem Vorstand angehören.

Zu Herrn Millers Überraschung erkennt ihn einer der Herren, der sich zu ihm wendet und fragt: „Na, was meinen Sie, wie können wir denn Ihrer Meinung nach die anstehende Herausforderung mit unseren Mitbewerbern aus Europa in den Griff bekommen?"

Herr Miller traut seinen Ohren nicht. Wurde tatsächlich er angesprochen? Ausgerechnet er, der kleine Herr Miller?

Natürlich hatte sich Jonas Miller schon lange Gedanken gemacht, wie das Unternehmen handeln müsste, um im globalen Wettbewerb bestehen zu können. Tja, wäre er Chef, dann würde er dies und das tun. Solche Gedanken hatte er schon hin und wieder spielerisch durchlebt. Aber er ist ja nun mal nicht der Chef.

Unglaublich: Nun wird er gefragt. Und zwar von einem der höchsten Vorgesetzten.

Herr Miller reagiert richtig. Er nimmt Haltung an, schaut dem Fragenden direkt in die Augen, spricht mit klarer Stimme und erklärt mit klaren, logisch aufgebauten Sätzen, wie er das ‚Problem' anginge.

Während seiner Äußerungen ist ihm deutlich bewusst, dass die Aufzugfahrt in den 75. Stock gerade mal eine Minute dauert, wenn überhaupt. Der Vorstand hat seine Büros zwei Etagen höher.

Herr Miller sieht, wie der Vorstand die gehörte Aussage durchzudenken scheint. Zu seiner Überraschung wird er gebeten, Kontakt mit der Assistenz des Vorstands aufzunehmen, um seine Ideen in einem tiefergehenden Austausch darstellen zu können.

Der 75. Stock ist erreicht. Die Kabinentür öffnet sich. Herr Miller verabschiedet sich, verlässt die Kabine mit einem einerseits berauschenden Gefühl, andererseits ist ihm schon etwas mulmig, dass ausgerechnet er zu so einem intensiveren Gespräch gebeten wurde.

Geschafft!

Herr Miller darf stolz auf sich sein. Er hat es geschafft, in gerade mal einer Minute seinen Gesprächspartner zu überzeugen. So weit zu überzeugen, dass dieser ihn auf ein weiteres Gespräch eingeladen hat. Eine einmalige Gelegenheit!

Diese Geschichte (ob sie sich jemals so zugetragen hat weiß natürlich keiner ganz genau, und unser Herr Miller ist natürlich frei erfunden) begründete den Mythos um den sogenannten Elevator Pitch.

Die Bezeichnung Elevator Pitch entstand Mitte der 1980er Jahre in den USA. Sie drückt aus, dass einem (potentiellen) Geschäftspartner das Wichtigste einer Geschäftsidee in kürzester Zeit präsentiert wird.

So, wie es Herrn Miller gelungen ist, in nur einer Minute, von einer Idee zu überzeugen, eine Idee zu verkaufen.

Die Geschichte wird weitergesponnen. Angeblich fahren Personen, die solch eine Chance – ein Treffen mit dem Vorstand im Aufzug – provozieren wollen, stundenlang nach oben und unten. Ob es stimmt?

Aus dem Begriff Elevator Pitch leiten sich Elevator Speech und Elevator Statement ab.

Allen ist gemein, in kürzester Zeit (beispielsweise in einer Minute) eine Idee in kompakter, verständlicher und überzeugender Form zu präsentieren – und zwar ohne Einsatz von Folien oder anderem (Bild-)Material.

Match Pitch – der Streichholz Pitch

Eine ähnliche Idee zeigt der Match Pitch, zumindest was die (zeitliche) Dauer anbelangt. Die Präsentation dauert bei einem Match Pitch genauso lange, wie ein Streichholz benötigt, um abzubrennen.

Erledigt die Flamme beim Streichholz, ist die Redezeit abgelaufen.

High Concept Pitch

Noch komprimierter zeigt sich der High Concept Pitch, auch Three-Word-Pitch. Hier wird die Geschäftsidee in nur einem Satz formuliert.

Ein gutes Training, die eigene Idee in nur einem ganz kurzen Satz (oder in drei Wörtern) zusammenzufassen.

Pitch Skills

Der Elevator Pitch, der Match Pitch oder vergleichbare gehören zu der Gruppe der Pitch Skills. Das lässt sich frei übersetzen mit der Fähigkeit, gute Verkaufs- und Überzeugungspräsentationen zu halten.

Da nicht jedem die Fähigkeit ‚von klein auf‘ in die Wiege gelegt ist, bedarf es eines guten Trainings.

Wagniskapitalgeber wollen investieren

Jemand hat eine Minute Zeit, einen anderen, sei es den Vorgesetzten oder einen Geldgeber, von der Einzigartigkeit einer Idee zu überzeugen.

Wie ist es möglich, jemanden in kurzer Zeit, nicht länger als in einer Minute – manchmal nur in 30 Sekunden – zu überzeugen? Wie es der Name schon aussagt, kommt hier der Start-Up Pitch ins Spiel.

Ein Start-Up gründen – Einen Wagniskapitalgeber suchen – Der Start-Up Pitch

Nehmen wir als Beispiel Franziska und Niklas. Beide haben eine ganz tolle Geschäftsidee entwickelt. Sie wollen deswegen ein Start-Up gründen. Sie sind felsenfest davon überzeugt, dass ihre Geschäftsidee einschlagen und entsprechend Umsatz schaffen wird.

Um ihre innovative Geschäftsidee zu realisieren, benötigen sie Startkapital. Das haben sie aber nicht. Sie können auf Erspartes zurückgreifen, das aber gerade mal eine vierstellige Euro Zahl ausmachen würde. Das langt bei weitem nicht, ihre Idee zu realisieren.

Einen Wagniskapitalgeber finden

Der Weg zur Hausbank und das Gespräch mit dem dort Verantwortlichen zeigte sich sehr ernüchternd.

Da Franziska und Niklas keine Sicherheiten bieten können (woher auch?) ist der Bank das Risiko viel zu hoch, ein notwendiges Darlehen zur Verfügung zu stellen.

Ist somit die Idee gestorben? Nein. Franziska und Niklas wollen unbedingt ihre Idee in Form eines Start-Up-Unternehmens auf den Markt bringen. Also brauchen Sie einen (anderen) Geldgeber. Hier kommt der Wagniskapitalgeber ins Spiel.

Der ist erfolgreich, hat gegebenenfalls selbst schon mehrere Unternehmen gegründet und mit Gewinn veräußert, sodass er nun sein Kapital in geldbringende Geschäftsideen investieren kann. Er freut sich darüber, auf (überwiegend) junge Menschen zu treffen, die anders denken und demnach auch andere innovative Ideen aufbringen.

Die Grundidee ist: Auf der einen Seite der Geldgeber, der investieren will, auf der anderen Seite der Start-Uper, der Kapital benötigt. Der potentielle Gründer ist einverstanden, den Geldgeber am Gewinn zu beteiligen.

Mitbewerber sind Konkurrenten

Kommt nun der Geldgeber mit Franziska und Niklas zusammen, haben die beiden die Möglichkeit, ihn zu überzeugen, in ihr Start-Up zu investieren.

Dabei muss ihnen klar sein, dass der Geldgeber verständlicherweise mehrere Start-Uper anhören will, um sich die vielversprechendste Geschäftsidee auszusuchen, in die er investieren will.

Er will sein Geld ja nicht zum Fenster rauswerfen, sondern hofft und baut darauf, dass in überschaubarer Zeit die Geschäftsidee realisiert wird und Geld abwirft. Und zwar so viel Geld, dass auch er profitiert.

Seine Beteiligung muss natürlich ordentlich Gewinn abwerfen. Dann haben sich seine Investitionen amortisiert und rentiert.

Vorbereitung auf das Treffen

Franziska und Niklas tun gut daran, sich im Vorfeld sehr gut zu überlegen, wie sie beim Treffen auftreten werden. Selbstverständlich müssen sie nicht nur menschlich überzeugen, sondern ihr Wissen auch überzeugend präsentieren.

Dabei handeln sie gut, wenn sie alle Sinne ansprechen, die Zielgruppe genau definieren können und eine relativ klare Vorstellung der Realisierung ihrer Geschäftsidee haben.

Natürlich müssen sie sich im Klaren darüber sein, wie viel Startkapital sie benötigen. Sie machen sich auf die Suche nach einem seriösen Geldgeber.

Sales Pitch

Neben dem Elevator Pitch und ähnlichen gibt es noch den klassischen Sales Pitch, den Agentur Pitch und den Investoren Pitch. Hier wird davon ausgegangen, dass Franziska und Niklas mit ihrer Idee erfolgreich waren.

Sie haben einen Geldgeber gefunden, der nun darauf baut, dass die beiden ihre Idee im neu gegründeten Start-Up erfolgreich, zügig und gewinnbringend umsetzen.

Die Idee allein genügt natürlich noch nicht, um Geld zu machen. Es müssen Kunden gefunden werden, die bereit sind für eine Leistung oder ein Produkt zu bezahlen.

Um die Kunden zu überzeugen, wird der Sales Pitch eingesetzt. Im weitesten Sinne kann dieser Begriff als Verkaufsgespräch bezeichnet werden.

Der Sales Pitch verläuft erfolgreich, wenn der Kunde überzeugt wurde. Um das zu erreichen, wird bei der Präsentation auf eine gelungene Dramaturgie geachtet, es werden passende und wo möglich auch greifbare Hilfsmittel eingesetzt, sowie auf Kundenbedürfnisse eingegangen.

Die Struktur ist klar erkennbar, Nach- und Vorteile sind dargestellt und vor allem wird zügig auf den ‚Punkt' gekommen. Sinnloses Umhergeschwafel verbraucht unnötigerweise die Zeit des Kunden wie auch des Anbieters. Das langweilt nicht nur, sondern ist verkaufshemmend oder sogar verkaufstötend.

Gewinner statt Bittsteller

Franziska und Niklas treten als Gewinner auf. Sie spielen mit der Stimme, betonen an der richtigen Stelle, legen kurze Pausen zur Steigerung der Spannung ein.

Sie lassen ihre Körpersprache sprechen, um das tatsächlich ausgesprochene Wort zu verstärken. Sie treten überzeugt von ihrer Idee auf – und nicht etwa als Bittsteller.

Es ist die Basis-Voraussetzung, von der eigenen Idee 100-prozentig überzeugt zu sein. Zu 100 Prozent! Zweifel sind unangebracht.

Genauso wie es wichtig ist, den Kunden zu überzeugen, müssen auch seine berechtigten Zweifel beseitigt werden.

Kritische Rückfragen

Der Kunde muss und will überzeugt werden. Er muss sicher sein, dass die angebotene Leistung beziehungsweise das angebotene Produkt für ihn einen Mehrwert erzeugt.

Ganz sicher wird er nicht nur kaufen, weil der Verkäufer begeistert ist. Er muss auf seinen eigenen Vorteil achten. Deshalb wird er kritisch zuhören und schauen, ob er Schwachstellen in der Präsentation erkennt.

Franziska und Niklas müssen in ihrem Sales Pitch deshalb damit rechnen, dass kritische Rückfragen erfolgen.

Wissend, dass diese kritischen Rückfragen erlaubt und auch notwendig für den Kunden sind, um Unklarheiten auszuräumen, dürfen sie sich durch diese Fragen nicht irritieren lassen.

Deshalb werden sie vorher intensiv trainieren, wie sie seriös, ruhig und gelassen reagieren können, ohne ihren ‚Roten' Präsentation-Faden zu verlieren.

Einwandbehandlung

Eine noch größere Herausforderung wird es werden, werden Franziska und Niklas mit Einwänden konfrontiert. Selbst bei allerbester Vorbereitung kann es sein, dass irgendein Aspekt von den beiden im Vorfeld nicht durchdacht wurde. Reagieren sie nun unprofessionell, kann das Verkaufsgespräch schnell zu ihrem Nachteil kippen.

Es empfiehlt sich, im Vorfeld ausgiebig zu trainieren, mit welcher professionellen Einwandbehandlung Sie die Bedenken des Kunden geschickt aushebeln können. Schaffen Sie es, souverän mit diesen Einwänden umzugehen, sind Sie wieder einen großen Schritt weiter, das Verkaufsgespräch erfolgreich abzuschließen.

Franziska und Niklas sollten keinen Zweifel haben, mit Einwänden professionell umgehen zu können. Sie sind vorbereitet.

Speed Pitching Session

In diesem Zusammenhang wird auf eine Veranstaltungsart hingewiesen, in der mehrere Start-Uper beziehungsweise Gründer die Möglichkeit haben, in wenigen Minuten hintereinander denselben Geldgebern ihre Idee zu präsentieren.

Das sind die sogenannten Speed Pitching Sessions.

Informieren Sie sich vorher, wie viele Minuten Sie für Ihre Präsentation einplanen dürfen. Hier wird häufig von einem Speed Pitch gesprochen, einem Geschwindigkeits-Pitch.

Fragen Sie nach den räumlichen Gegebenheiten, wer anwesend sein wird, wann Ihr Einsatz geplant ist. Solch eine Speed Pitching Session kann auch online erfolgen.

Klären Sie, wann Sie wo eintreffen sollen und welche Hilfsmittel gegebenenfalls zum Einsatz kommen dürfen.

Lasst Bilder sprechen

Der Mensch, das Augenwesen, braucht das Bild.
Leonardo da Vinci, it. Visionär
(1452 - 1519)

Einsatz von Folien – aber professionell

Dass Bilder nicht sprechen, sie aber trotzdem etwas aussagen, ist nachvollziehbar. Bei den folgenden beiden Themen Pitch Deck und Pecha Kucha gehören Folien zwingend zur Präsentation.

Pitch Deck – Präsentation mit Folieneinsatz

Manchmal werden bei einer Präsentation Folien zur Veranschaulichung eingesetzt, wenn Geldgeber oder Investoren zu überzeugen sind.

Bei manchen Pitches, wie beim Pecha Kucha, sind Folien zwingend einzusetzen.

Der Foliensatz wird als Pitch Deck bezeichnet. Wagniskapitalgeber sollen nicht nur verbal, sondern auch bildhaft überzeugt werden, Geld in eine neue Idee zu stecken.

Visualisierung – Der Einsatz von Medien und Hilfsmitteln

Egal ob Sie frei präsentierend ein Medium wie Smartboard, Whiteboard oder ähnliche einsetzen, ist bei der Benutzung dieser Medien immer wieder zu beobachten, dass sich der Präsentierende dem Medium zuwendet – und damit gleichzeitig dem Publikum beziehungsweise dem potentiellen Geldgeber den Rücken zudreht.

Damit kann er dessen Reaktionen nicht erkennen. Auch richtet sich der Schall des gesprochenen Wortes vom Gesprächspartner weg und wird damit häufig schlechter wahrgenommen, sofern ohne Mikrofon gearbeitet wird.

Den Rücken zuwenden gilt schlichtweg als unprofessionell. Die eingesetzten Medien werden soweit wie möglich vorbereitet. Eine Ergänzung kann dann während der Präsentation erfolgen, wobei viel mit Symbolen, Abkürzungen oder vorbereiteten Hilfsmitteln und Tafeln gearbeitet werden kann.

Sollten Sie vor Ort einen erklärenden Text an ein Whiteboard oder an ein vergleichbares Medium geben wollen, vermeiden Sie es, komplette Fließtexte aufzuschreiben. Da Sie in der Regel Erklärungen zu dem geben, was Sie aufgeschrieben haben, genügen Abkürzungen und Symbole oder aussagekräftige Zeichnungen.

Der Rechtshänder und der Linkshänder

Wenn Sie im Stehen präsentieren und eine Schreibwand benutzen, dann gehen Sie so vor: Sind Sie Rechtshänder, dann steht das Medium rechts von Ihnen. Beim Linkshänder links.

So können Sie mit der Schreibhand aktiv werden, ohne Ihren Körper komplett zum Medium drehen zu müssen.

Projizierte Folien

Und schon geschieht es. Die erste Folie erscheint mit dem Titel der Präsentation. Der Präsentierende dreht sich zur Leinwand, redet auf diese zu, deutet vielleicht sogar dorthin und verliert sich in Gedanken an seine schöne Darstellung, die er in den vergangenen Tagen vorbereitete.

Nehmen Sie einen klassischen Bambusstab oder einen Teleskop-Stab, um auf die Leinwand zu deuten, sofern überhaupt notwendig. Benutzen

Sie einen Laser-Pointer, dann stellen Sie sich an die Seite des Raums und ‚deuten' mit dem Laser-Pointer von weitem auf die Leinwand. Damit haben Sie den/die Anwesende/n zum großen Teil noch im Auge.

Professionelle Folien-Beschriftung

Die PowerPoint-Folie oder die Folienbearbeitung anderer Anbieter verwenden in der Darstellung ein Querformat.

Setzen Sie Folien ein, wird die Aufmerksamkeit des/der Gegenüber/s auf die Leinwand beziehungsweise die projizierte Fläche gelenkt. Bewegte Bilder, wechselnde Farben und Darstellungen, Ton, ein Video-Clip lassen sich einfach in die Präsentation einfügen.

Aber Vorsicht: Obwohl die Möglichkeiten unbegrenzt erscheinen, darf und soll Ihr Gegenüber nicht einer Reizüberflutung unterliegen. Auch eine Überforderung durch unnötige Ausschmückung oder technische Spielereien sind zu vermeiden. Sie gelten als unprofessionell.

Alle Folien einer Präsentation sollen deshalb im Aufbau gleich gehalten sein. Gemeint ist, dass das Folienlayout eine Art Corporate Identity (CI) zeigt.

Dazu zählen neben dem Foliendesign die Hintergrundfarbe, Muster, Logos, Schriftart, Schriftgröße und -farbe.

oooooo oooooooo ooooooooooooooooo ooooooooooooo oooooooo oooooooooooo	← gut oben/unten ausgewogen → überlastet, un- ausgewogen	oooooooooooooooooooooooo ooooooooooooooooooooooo oooooooooooooooooooo oooooooooooooooooooooo o oooooooo oooooooooooooooooo ooooooooooooooooooooooooo o

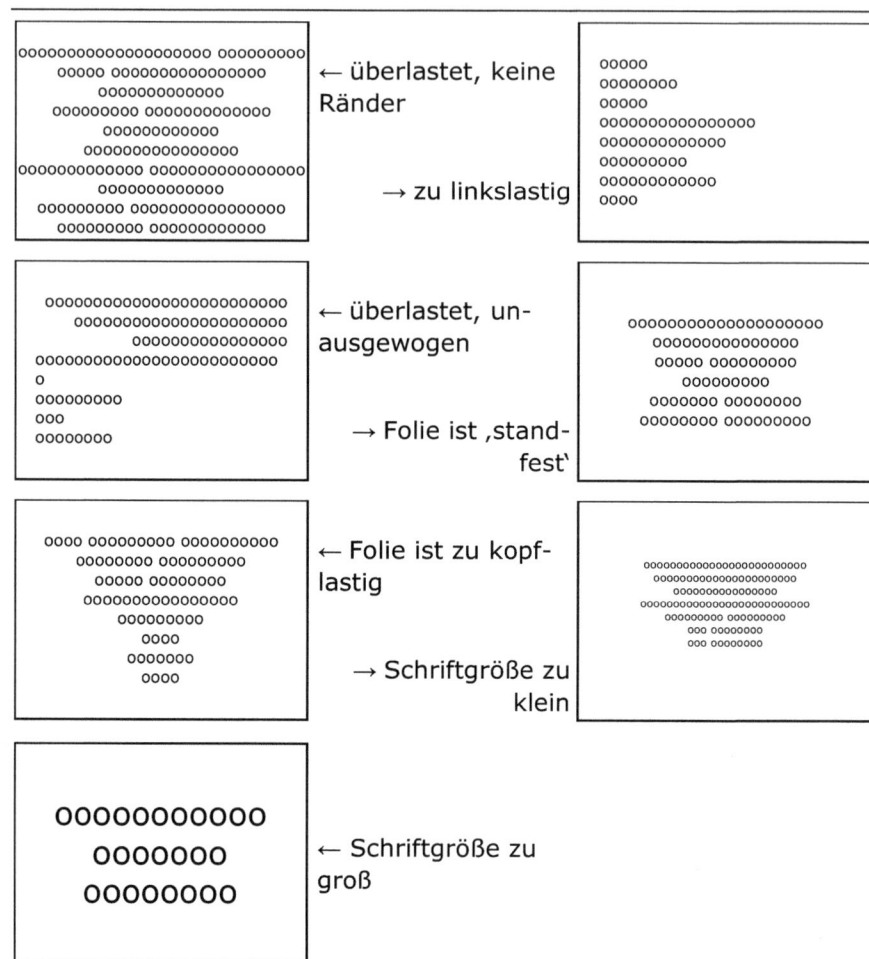

Übrigens sieht eine vorbereitete Folie auf dem Monitor oder auf ausgedrucktem Papier unter Umständen ganz anders aus, als auf eine Leinwand projiziert.

Lesbare Schrift

Es ist vorteilhaft, so wenig Text wie möglich zu verwenden, wobei idealerweise auf Fließtexte verzichtet werden soll.

Verwenden Sie maximal drei verschiedene Schriftarten und maximal drei verschiedene Schriftgrößen. Gliedern Sie diese nach Hierarchien. Schriftgrad zum Beispiel: 50 Punkte für den Titel, 40 Punkte für den Untertitel, 30 Punkte für den Text.

Einprägsamer Titel

Der Titel steht oben zentriert in der Mitte auf der Folie. Er wird in der größten Schriftgröße gewählt. Verwenden Sie am besten Groß-/Kleinschreibung wegen der besseren Lesbarkeit.

Der Titel muss nicht zusätzlich unterstrichen oder in einer anderen Farbe gegeben werden, da er durch die Platzierung, Größe und Ausrichtung bereits deutlich als Titel erkennbar ist.

Zusammenfassende Auflistungen

Ordnen Sie diese linksbündig an, aber trotzdem komplett mittig auf der Folie ausgerichtet. Nicht mehr als sieben Aufzählungen beziehungsweise Auflistungen gehören untereinander. Bei mehr Auflistungen ist eine neue Folie zu verwenden. Die Schrift würde sonst zu klein oder wirkte ‚gedrungen'.

Ansprechende Farbgestaltung

Vermeiden Sie bei zweifarbigen Diagrammen den Farb-Gegensatz von Rot zu Grün. Etwa 5% aller Männer sind von einer Rot-Grün-Sehschwäche betroffen. Sie könnten den farblich gezeigten Unterschied nicht mehr deutlich erkennen. Bei Einsatz von nur zwei Farben nehmen Sie deshalb lieber Blau und Rot.

Üblicherweise ist die Grundfarbe für die Schrift schwarz oder blau. Die blaue Farbe wirkt auf die meisten Betrachter etwas harmonischer.

Verwenden Sie rot nur, um ein Wort oder ein Wortgefüge besonders hervorzuheben. Grün gilt als ergänzende Kombination zu anderen Farben. Sie wird am wenigsten gut erkannt.

Unnötige Spielereien vermeiden

Wer sich gut in den Programmen wie PowerPoint oder vergleichbaren auskennt, den reizt es schon einmal, die Folien spielerischer zu gestalten. Zum Beispiel beim Übergang von einer Folie auf die nächste.

So schwebt diese von einer Seite ein, dreht sich zweimal, während die andere zerbröselt und verschwindet. Diese technischen Spielereien gehören nicht in eine reguläre professionelle Präsentation.

Sonstige Medien

Ansprechendes, bildhaftes oder musikalisches Material hilft, das Inhaltliche leichter und verständlicher darzustellen, ein Beispiel oder einen Themenbereich zu visualisieren, Stimmungsbilder zu erzeugen. Deshalb spricht nichts gegen eine sinnvolle Film- oder eine Video-Einspielung. Allerdings soll sie die zur Verfügung stehende Zeit der Präsentation nicht dominieren.

Damit Ihnen die Technik keinen Strich durch Ihre Präsentation zieht, testen Sie zeitig vor Ihrem Auftritt, ob alle eingesetzte Technik funktioniert, ob Geräte kompatibel sind, ob Ihre Aufzeichnungen vom System erkannt werden.

Stimmen die farbliche Darstellung, Kontraste, Schärfe und so weiter? Ist die Lautstärke angemessen? Im leeren Raum wirkt die Lautstärke anders als in einem vollbesetzten Raum!

Bei all den schönen Möglichkeiten, Bild und Tonmaterial einzusetzen, beachten Sie das Copyright auf dieses Material.

So zum Beispiel die Rechte der GEMA (Gesellschaft für musikalische Aufführungs- und mechanische Vervielfältigungsrechte) beim Einsatz von Musik- oder Filmsequenzen, sowie VGWORT (Verwertungsgesellschaft Wort). Geben Sie (auch zur eigenen Sicherheit) immer das Copyright mit an.

Online-Einsatz

Selbstverständlich gelten die Tipps auch für Folien, die bei Online-Veranstaltungen mit den anderen auf dem Monitor ‚geteilt' werden.

Beim Einsatz dieser Form des Telemeetings erkundigen Sie sich am besten vorher beim Veranstalter, welche technischen Möglichkeiten Ihnen geboten werden. Idealerweise probieren Sie diese vorher aus, um Pannen zu vermeiden.

Technische Perfektion beim Präsentieren

Der Beamer springt nicht an, der Laptop stürzt ab. Die dynamische rote Farbe auf dem Display des Laptops wirkt auf der Leinwand als hässliches Braun, die Folie lässt sich nicht teilen.

Das Weiterklicken klappt nicht immer – manchmal kommen Sie versehentlich schon auf die übernächste Folie und müssen zurückklicken.

Nach einer Weile schaltet sich Ihr System auf Stand-by und Ihre schöne Darstellung ist weg.

Oder: Am Ende springt Ihr Rechner auf Ihren Bildschirmschoner. Was ist auf der Leinwand zu sehen? Sie in Badekleidung im Arm Ihres/r Liebsten ... Das kann zwar Lacher auslösen, hat mit Professionalität allerdings nichts zu tun.

Wenn Sie Technik einsetzen, dann perfekt! Sonst überlegen Sie sich eine andere Vorgehensweise.

Technische Pannen – leider kommen sie immer wieder vor – drücken Ihre Darstellung. Das ist nicht gut. Also: aufpassen und bestens vorbereitet sein.

Rechnen Sie schließlich auch damit, Ihrem Gesprächspartner anschließend Ihre Präsentation in einer ‚geschlossenen‘ Datei auf einem mobilen Datenträger überreichen zu können oder per Link zur Verfügung zu stellen. Das alles kann und muss bestens vorbereitet sein.

Pecha Kucha

Eine besondere Variante der Produktpräsentation ist der Pecha Kucha (auch Petscha-Kutscha). Hierbei handelt es sich um eine kurzweilige Produktpräsentation vor größerer beziehungsweise sehr großer Zuschauerzahl.

Diese Art der Präsentation entstand in Japan. Dort bedeutet Pecha Kucha ungefähr so viel wie ‚wirres Geplauder‘. Es handelt sich hierbei um einen lautmalerischen Begriff. Wenn Sie Pecha Kucha japanisch aussprechen, hört sich das an wie das Geräusch, das entsteht, wenn mehrere Menschen gleichzeitig miteinander plaudern.

Die beiden ‚Erfinder‘ dieser Art der Präsentationsform sind die Architekten Astrid Klein (*1951) und ihr Partner Mark Dytham, die sie erstmals 2003 in Tokio umsetzten.

Unterschied zu einem Pitch Deck?

Mittlerweile ärgern sich viele Zuhörer in Verkaufs-Veranstaltungen oder Verkaufs-Präsentationen immer mehr über die immer wieder gleichartigen Darstellungen mit Hilfe von PowerPoint. Sehr oft sind diese unprofessionell gestaltet und erzeugen eine lähmende Langeweile.

Für eine Pitch-Veranstaltung wäre das tödlich.

400 Sekunden und 20 Folien

Um diesen Effekt zu umgehen, wurde der Pecha Kucha erfunden. Die Vorgehensweise ist genau festgelegt. Die maximale Sprechzeit ist auf 6 Minuten und 40 Sekunden definiert, zusammen 400 Sekunden.

In dieser Zeit dürfen genau 20 Folien eingesetzt werden. Jede Folie ist genau 20 Sekunden sichtbar. Das bedeutet, dass die Präsentation sehr gut auf die Folien abgestimmt werden muss, da alle 20 Sekunden ‚automatisch' die nächste Folie erscheint.

Eine perfekte Vorbereitung ist ausschlaggebend, damit der gesprochene Text mit der gezeigten Folie lückenlos übereinstimmt.

Pecha Kucha Night

Dieser genau abgestimmte zeitliche Rahmen schafft problemlos die Möglichkeit, mehrere Präsentationen zeitlich gleichwertiger Art hintereinander durchzuführen.

Somit wird mehreren Unternehmen beziehungsweise Teams die Möglichkeit gegeben, ihre Ideen in überschaubarer Zeit demselben Publikum professionell darzustellen. Wird so verfahren, wird von einer Pecha Kucha Nacht gesprochen (PKN, Pecha Kucha Night).

Das Besondere an den Folien ist, dass sie nur Bildmaterial verwenden; genauer gesagt ein Bild pro Folie. Text ist hierbei nicht erlaubt, genauso wenig wie Diagramme, Grafiken, Tabellen oder Vergleichbares.

Eine Veranstaltung mit ‚sportlichem' Ehrgeiz.

„Wie gestalte ich einen guten Pecha Kucha?"

In einem typischen Vortrag steht der Vortragende deutlich im Mittelpunkt. Hilfsmittel und Folien unterstützen die Rede. Bei einem Pecha Kucha ist die Gewichtung verschieden.

Die Bilder auf den Folien dominieren deutlich. Deshalb werden wir jetzt das Augenmerk auf die Bilder und anschließend auf den Präsentierenden lenken.

Die Bild-Folien

Auf jeder der 20 Folien ist nur ein Bild erfasst. Möglichst im Mittelpunkt des jeweiligen Bildes steht das Objekt, worum es geht beziehungsweise worüber geredet wird.

Das Bild soll nicht überladen wirken oder den Zuschauer verwirren. Jener muss sofort erfassen, worum es geht. Bedenken Sie, dass der Zuschauer das Bild nur 20 Sekunden sehen kann.

Wählen Sie gezielt Bilder, die aussagekräftig zu dem gesprochenen Text passen. Wird das Bild nicht sofort erfasst, wird der Zuschauer von dem, was Sie gerade sagen, abgelenkt.

Nicht jeder Zuschauer hat Augen wie ein Adler. Berücksichtigen Sie das bei der Auswahl Ihrer Bilder. Diese müssen auch noch bei größter Distanz im Raum (oder bei Online-Veranstaltungen auf dem Monitor) einwandfrei und sofort erkennbar sein.

Wählen Sie weiterhin Fotomaterial aus, das in der notwendigen guten Auflösung vorhanden ist. Verschwommene Bilder bringen nichts – im Gegenteil – sie machen Ihre Präsentation nur schwach.

Nicht vergessen: Copyright beachten!

Der Präsentierende

Manch einer lässt sich sofort unter Zeitdruck setzen, wenn er weiß, dass jede Folie nur 20 Sekunden erscheinen wird.

So neigt der Präsentierenden durch die gegebene Stresssituation dazu, viel schneller zu reden als üblich. Er wirkt dadurch gestresster und gegebenenfalls ist er auch weniger gut zu verstehen.

Also: Kühlen Kopf bewahren und die Sprechgeschwindigkeit angemessen halten.

Denken Sie daran, dass Ihr Timing absolut stimmen muss. Wenn Sie noch über den Inhalt der Folie A reden, Folie B aber bereits erscheint, stimmt Ihr Zeitmanagement nicht.

Lieber den Text kürzen, um eine klitzekleine Pause zu erzielen, bevor die nächste Folie erscheint. Professionell wirkt es, wenn das Gesprochene fließend ineinander übergeht.

Sprechen Sie frei! Sie überzeugen am besten, wenn Sie sich Notizzettel ersparen. Das wirkt authentischer. Von einer Sprechkarte abgelesener Text wirkt nicht so überzeugend. Das Ablesen kann als eingeschränkte Selbstsicherheit gesehen werden.

Bleiben Sie während Ihrer Präsentation nicht an derselben Stelle stehen. Bewegen Sie sich auf der Bühne oder Aktionsfläche langsam hin und her.

Halten Sie deutlichen Blickkontakt zum Publikum und versuchen zumindest, so viele Personen wie möglich wenigstens einmal direkt anzuschauen. Bei einer sehr großen Zuschauerzahl genügt es, in jede Richtung des Zuschauerraums zu schauen, sodass fast jeder annehmen kann, beachtet und direkt angesprochen zu sein.

Die Stimme

Spielen Sie mit Ihrer Stimme. Vermeiden Sie eine monotone Sprechweise, die einschläfernd auf die Zuschauer wirkt. Setzen Sie gezielt einmal ein Päuschen ein, dort wo es passt.

Zögern Sie nicht, auch bewusst einmal leise zu sprechen oder an einer anderen Stelle deutlich etwas zu betonen oder gar auszurufen.

Die Folien-Präsentation und Ihr gesprochener Text sollen eine harmonische Einheit bilden.

Der Inhalt

Wie bei den meisten Präsentationen üblich, gibt es eine erkennbare Struktur Ihrer Darstellung. Das heißt, dass Sie nach der Begrüßung in einer Einleitung auf Ihr Thema hinweisen.

Die Struktur zeigt einen Anfang, einen deutlichen Hauptteil und abschließend den Schlussteil mit einer kurzen Zusammenfassung, einer Moral oder am besten einem Appell: „Kauft meine Idee!"

Der Appell im übertragenen Sinne bedeutet, dass die Zuschauer aufgerufen werden, Ihr Produkt, Ihre Dienstleistung beziehungsweise Ihre Darstellung zu ‚kaufen'. Sie sollen überzeugt werden von dem, was Sie vorgetragen haben.

Berücksichtigen Sie, dass auch hier der erste Eindruck überzeugend sein muss. Starten Sie deswegen flott mit Ihrer Präsentation. Zu Beginn kann gleich ein originelles Zitat stehen, eine kurze, selbst erlebte Geschichte oder eine kleine Anekdote.

Erzählen Sie eine Geschichte (vergleiche Storytelling) und bauen gleichzeitig eine Spannungskurve auf. Sprechen Sie lebhaft mit deutlicher Aussprache und sparen Sie nicht daran, Beispiele einzubringen. So gestalten Sie Ihre Präsentation bildhaft.

Vergessen Sie bei allem nicht, dass es in Ihrer Präsentation eine Kernaussage geben muss. Worum geht es überhaupt? Was wollen Sie erreichen?

Überlegen Sie sich das vorher sehr genau, damit später in Ihrer Präsentation für die Zuhörer einwandfrei und deutlich wird, was Sie überhaupt von ihnen wollen.

Bleiben Sie locker aber trotzdem seriös in Ihrer Präsentation. Bewegen Sie sich authentisch und zeigen durch Ihre Erscheinung und Ihre Körpersprache, dass Sie sich sehr gut in Ihrer Thematik auskennen und wohlfühlen.

Und ein kleiner Tipp am Ende: Vergessen Sie nicht, zu lächeln! Freuen Sie sich darüber, dass Ihnen die Möglichkeit gegeben wird, in dieser Form Ihre Idee anderen Menschen zu präsentieren.

Teil 2 – Empathie und flotte Rhetorik

Verständnisvoll und empathisch kommunizieren

„Was kann ich dem anderen bieten?"

Der schlimmste Fehler der Menschen ist ihr Mangel an Einfühlungsvermögen.
Joseph Addison, engl. Dichter
(1672 - 1719)

Rhetorik auf ‚allen Kanälen'

Entscheidend bei der Kommunikation ist, dass nicht etwa das richtig ist, was A sagt, sondern was B versteht. A ist in diesem Fall der Redner, also Sie. B ist der Zuhörer beziehungsweise Zuschauer.

Nichtverstehen versus Empathie

Machen Sie sich bewusst, dass Ihre Idee noch so gut sein kann, aber nicht zum Erfolg führt, wenn Sie Ihr Zuhörer einfach nicht versteht.

Unter dem ‚Nichtverstehen' sind zweierlei Bereiche gemeint. Einerseits kann es sein, dass der Zuhörer Sie akustisch nicht versteht oder Ihre Wörter nicht versteht. Im ersten Falle muss lauter gesprochen werden oder – falls Sie mit Mikrofon arbeiten – dieses optimal eingestellt sein.

Andererseits ist es denkbar, dass in Ihrem Text zu viele Fremd- oder Fachwörter verwendet werden, die dem Zuhörer nicht geläufig sind. Sie müssen den Zuhörer nicht unterschätzen, machen es ihm aber deutlich einfacher, wenn Sie Ihre Sätze nicht in endlose Schachtelsätze auslaufen lassen. Vermeiden Sie alle sogenannten Fülllaute (Verzögerungslaute) wie ‚ähm' und vergleichbare.

Der zweite Bereich, weshalb der Zuschauer Sie möglicherweise nicht versteht, bezieht sich auf die Überlegung, dass er einfach nicht kapiert, nicht kapieren kann, was Sie von ihm wollen.

Er selbst fühlt sich von Ihnen nicht verstanden.

Möglicherweise hat er das Gefühl, dass Sie ihm eine Sache ‚verkaufen‘ wollen, die er überhaupt nicht braucht. Um das zu vermeiden ist es Ihre Aufgabe, im Vorfeld zu überlegen, welche Unterstützung, welche Hilfe beziehungsweise welche Erleichterung Ihr Zuhörer von Ihrem Angebot erwartet.

Wie können Sie ihm helfen? Was ist die Einzigartigkeit Ihres Produktes beziehungsweise Ihrer Leistung, die Ihr Gegenüber ‚unbedingt‘ braucht?

Schlüpfen Sie sozusagen in den Kopf des Gegenübers und versuchen, dessen Gedankengänge zu erfassen.

In die Gedankenwelt des Gesprächspartners eintauchen

Fachleute reden hier von Empathie. Empathie ist die Fähigkeit, sich in die Gedankenwelt des Gesprächspartners versetzen zu können. Das gelingt Ihnen dann, wenn Sie sich im Vorfeld deutlich Gedanken über Ihre Zielgruppe machen.

So können Sie beispielsweise überlegen, welche Bedürfnisse Ihr Gegenüber hat.

In der Regel will er einen finanziellen Vorteil haben, wenn er sich auf Ihr Angebot einlässt. Das heißt, er erhofft sich Mehrumsatz.

Wer will schon Geld für etwas ausgeben, wenn er annehmen muss, dass der Umsatz gleichbleibt oder die Kosten sogar steigen?

Sie sollten sich auch überlegen, weshalb Sie ganz konkret den Gesprächspartner wählen, mit dem Sie zusammentreffen.

Hier wird von einer Zielgruppe gesprochen. Welchen Vorteil bringt es Ihnen, wenn Sie der von Ihnen Ausgesuchte finanziell unterstützen wird?

Davon ausgehend, dass Sie es schaffen, Ihren Gesprächspartner von Ihrer Idee zu überzeugen, will dieser natürlich genau wissen, was Sie ganz konkret von ihm erwarten.

Sollten Sie gefragt werden: „Was kann ich denn jetzt für Sie tun?" muss Ihnen klar sein, was Sie antworten.

Fangen Sie nicht an herumzustottern oder herumzueiern. Genau jetzt ist der Moment dem Gesprächspartner zu sagen, was Sie von ihm erwarten. Argumentieren Sie deshalb klar und überzeugend und vor allen Dingen offen, damit Ihr Gesprächspartner auch wirklich weiß, was er tun kann beziehungsweise soll.

Authentische Umsetzung

Bleiben Sie authentisch bei allem, was Sie sagen. Damit ist gemeint, dass Sie sich nicht verstellen geschweige denn etwas vorlügen. Jedem ist klar, dass in solchen Momenten die meisten Menschen nervöser sind als üblich. Das ist keine Schande, das ist menschlich.

Die Unwahrheit sagen gehört allerdings nicht dazu. Bedenken Sie, dass der erste Eindruck eine immense Bedeutung hat mit deutlichem Einfluss auf das Ergebnis Ihres Gesprächs. Kleiden Sie sich dementsprechend sauber, Ihrem Stil entsprechend und passend zu Ihrem Produkt.

Treten Sie ausgeruht und vorbereitet auf. Schließlich geht es um etwas!

Vorteile unterstreichen

Berücksichtigen Sie bei Ihrer Vorbereitung auf das Gespräch, dass jeder Mensch nur eine gewisse Zeit volle Aufmerksamkeit investieren kann. Monotones, langweiliges, unsicheres, stotterndes oder unvorbereitet wirkendes Auftreten erzeugt mit großer Wahrscheinlichkeit ein negatives Ergebnis.

Damit ist gemeint, es kommt nicht zu einem Abschluss, in diesem Fall zu keiner finanziellen Unterstützung.

In kürzester Zeit machen Sie auf die Vorteile Ihrer neuartigen Idee aufmerksam. Für Ihren Zuhörer muss ganz schnell klarwerden, was das Besondere Ihres Vorschlags ist. Bieten Sie Lösungen an und stellen dar, wie ein Mehrwert entsteht.

Am Ende des Gesprächs muss unmissverständlich und eindeutig sein, was Sie anbieten und was neu dabei ist. Es hilft, wenn Sie erklären können, woher Sie Ihre Erfahrungen ziehen und weshalb gerade Sie geeignet sind, Ihre Idee zu verwirklichen.

Das Alleinstellungsmerkmal

Fachleute haben auch hier wieder einen schönen Begriff gefunden, nämlich die ‚Unique Selling Proposition‘, abgekürzt USP, die werden als Alleinstellungsmerkmal bezeichnet. Ihre Idee hebt sich deutlich (positiv) vom Angebot möglicher Wettbewerber ab.

Bieten Sie etwas an, was zig andere vor Ihnen auch schon angeboten haben, sind Sie fehl am Platz. Der Geldgeber wird nicht in Ihre Idee investieren. Er muss erkennen, was neuartig und einzigartig an Ihrer Idee ist.

Stellen Sie deshalb das Alleinstellungsmerkmal sehr deutlich im Gespräch heraus.

Machen Sie ebenso deutlich, wodurch Sie sich von Ihrem Mitbewerber unterscheiden, falls es einen solchen Mitbewerber überhaupt gibt. Zeigen Sie Profil, indem Sie aus der Masse ragen.

Das rhetorische Auftreten

Dass Sie selbstbewusst und authentisch auftreten sollen, wurde bereits betont. Zeigen Sie Begeisterung von Ihrer eigenen Geschäfts-Idee. Stellen Sie dar, welche Überlegungen Sie hatten, um zu Ihrer Idee zu kommen. Seien Sie nicht nur begeistert von Ihrer Idee, sondern versprühen Sie rhetorisches Feuer.

Verfallen Sie bei Ihrer Präsentation um Himmelswillen nicht in allgemeine Floskeln oder in Slogans, die aus Werbetexten bekannt sind. Sprechen Sie lieber alle fünf Sinne des Zuhörers an. Sprechen Sie in Bildern, zeigen Sie Vergleiche auf und beeindrucken Sie mit passenden Metaphern.

Das menschliche Auftreten

Der Geldgeber wird ungern jemanden finanziell unterstützen, gegen den er eine menschliche Abneigung empfindet, unabhängig von konkreten und erkennbaren Dingen. Manchmal ist es nur ‚so ein Gefühl'. Dann haben Sie Pech gehabt.

Damit das möglichst nicht passiert, zeigen Sie sich von Ihrer angenehmen Art. Bleiben Sie charmant aber nicht unterwürfig oder schleimig. Machen Sie sich – im Sinne des geschäftlichen Zusammenarbeitens – begehrenswert.

Schaffen Sie eine positive Gesprächsatmosphäre, sodass Sie sympathisch wirken. Sie werden schließlich im idealen Fall ein paar Jahre miteinander zu tun haben.

Vergessen Sie nicht: Sie haben etwas zu bieten, was der andere nicht hat. Wenn der andere Sie finanziell unterstützt, profitieren beide davon. Dann wird von einer Win-Win-Situation gesprochen. Beide haben gewonnen.

Signalisieren Sie am Ende des Gesprächs die Bereitschaft, in Kontakt zu bleiben und zeigen Sie, dass Sie sich freuen würden, eine geschäftliche Partnerschaft einzugehen.

Nachvollziehbare Struktur

Franziska und Niklas haben sich eine Struktur ihres Auftritts zusammengestellt.

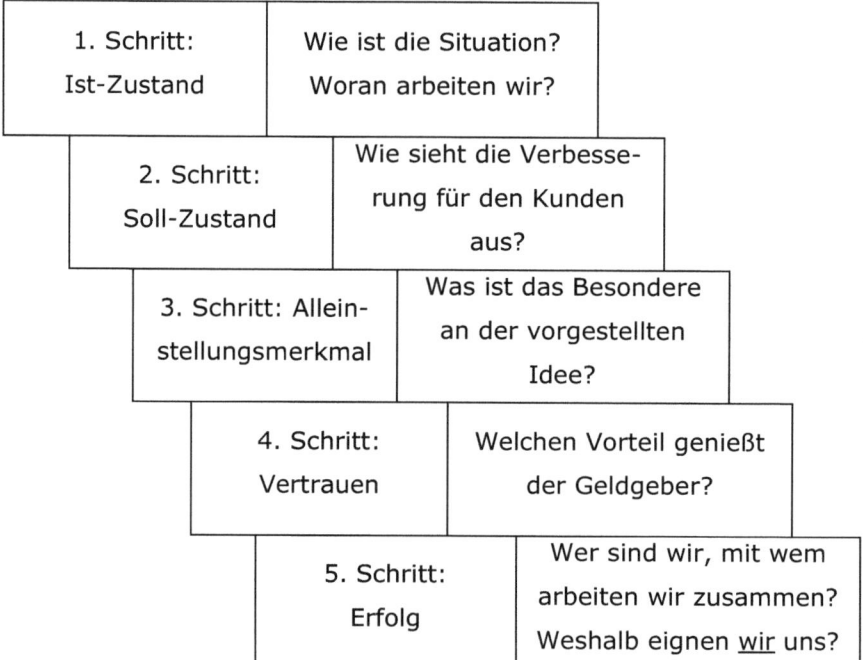

1. Schritt: Ist-Zustand	Wie ist die Situation? Woran arbeiten wir?
2. Schritt: Soll-Zustand	Wie sieht die Verbesserung für den Kunden aus?
3. Schritt: Alleinstellungsmerkmal	Was ist das Besondere an der vorgestellten Idee?
4. Schritt: Vertrauen	Welchen Vorteil genießt der Geldgeber?
5. Schritt: Erfolg	Wer sind wir, mit wem arbeiten wir zusammen? Weshalb eignen <u>wir</u> uns?

Unter Umständen wird nach erfolgreichem Pitch-Auftritt ein Businessplan (Geschäftsplan) gewünscht. Dieser beschreibt genauestens die Angaben zum Projekt.

Keep it short and simple – Die KISS-Methode

„In der Kürze liegt die Würze", meint der Volksmund.

Diesen Spruch im Kopf und im Zusammenhang mit oben durchdachten Punkten, sei kurz auf die sogenannte KISS-Methode hingewiesen. Die Abkürzung KISS steht für „**K**eep **i**t **s**hort and **s**imple!" Es geht um die einfache, unkomplizierte Lösung einer Darstellung. In der deutschen Sprache ist das Sprichwort bekannt: „In der Kürze liegt die Würze."

Das sagt ungefähr dasselbe aus. ‚Simple' bedeutet, leicht zu verstehen. Dieser Spruch stammt von dem US-amerikanischen Flugzeugkonstrukteur Clarence Leonard ‚Kelly' Johnson (1910 – 1990).

Zeitgemäße Rhetorik

Ich habe die Muttersprache mit den Kindesbeinen eingesogen.
Heinz Erhardt, dt. Komiker
(1909 - 1979)

Der ‚seriöse‘ Beginn der Präsentation

Aufgrund der zeitlichen Begrenzung der Aktion soll möglichst schnell zum ‚Punkt‘ gekommen werden. Damit ist natürlich nicht das Ende der Präsentation gemeint, sondern der, sagen wir mal, rhetorische Höhepunkt.

Aber zuerst muss angefangen werden. Mehrere Varianten werden hier beschrieben, wie Sie Ihre Präsentation einleiten können.

Der klassische Beginn

Sie bevorzugen den seriösen Einstieg?

Dann könnten Sie beispielsweise wie folgt starten: „Guten Tag, sehr geehrte/r Frau/Herr ... Ich bin ... und spreche heute über meine spannende Innovation ... Gehen wir zunächst ...“

Die Denkzeit

Eine andere Variante ist die Denkzeit. Dabei geben Sie Ihrem potentiellen Geldgeber eine Problemstellung vor. Sie werfen nach Ihrer Begrüßung die Problemstellung durch eine Frage auf: „Was wäre geschehen, wenn sich Kleopatra und Caesar nicht begegnet wären?“

Die Reaktion Ihres Zuhörers wird sein, dass er nachdenkt und dadurch direkt in das Thema einbezogen wird. Dann beginnen Sie mit Ihrer Präsentation.

Der Vorspann – Der Einspieler

Zeigen Sie zum Einstieg einen kurzen Videoclip. Beginnen Sie so: „Guten Tag, meine …, mein Name ist … Ich habe Ihnen hier einen kleinen Filmausschnitt mitgebracht." Starten Sie Ihre Filmeinspielung. Nach der Wiedergabe fragen Sie: „Sie haben nun einen ersten Hinweis gesehen. Was sagen Sie dazu?"

Damit können Sie unmittelbar in eine Diskussion überleiten. Seien Sie vorbereitet, wenn Sie keine Antwort auf Ihre Frage erhalten. Dann betrachten Sie (nachträglich) Ihre Frage als rhetorische Frage (Scheinfrage) und beantworten Sie sie selbst.

Üblicherweise kann es Ihnen so gelingen, in kürzester Zeit direkt in der Interaktion mit Ihrem Geldgeber zu sein.

Der ‚überraschende' Einstieg in eine Präsentation

Dieser Einstieg wird auch als ‚Aufhänger' bezeichnet. Mit einem Aufhänger wird eine Situation deutlich dargestellt. Erst nach dem Aufhänger beginnt die ‚eigentliche' Präsentation.

Starten Sie mit einem Aufhänger, der Aufmerksamkeit erregt, wie in den folgenden Beispielen gezeigt wird.

Die rhetorische Frage

„Heute sprechen wir über die eigentümlichen Essgewohnheiten der Generation Z. Weshalb habe ich dieses Thema gewählt? Nun, …"

Die Überraschungsfrage

Sie steigen direkt mit einer Frage ein, die in der Regel zustimmend beantwortet werden kann.

Ein bejahendes Nicken Ihres Gesprächspartners genügt bereits.

„Möchten auch Sie in Zukunft weniger Stress haben? Nun, das ist genau der Grund, weshalb ich heute bei Ihnen bin. …"

Durch die (auch nonverbale) Zustimmung des Gesprächspartners ist er bereits im mentalen positiv-grünen Bereich.

Das Zitat

Beginnen Sie mit einem passenden Zitat. „Wir leben alle unter dem gleichen Himmel, aber wir haben nicht den gleichen Horizont', um Konrad Adenauer zu zitieren. Deshalb habe ich mich schon lange Zeit gewundert, weshalb …"

Durch das Zitieren einer bekannten und allgemein positiv beleumundeten Persönlichkeit, hängen Sie sich sozusagen an dieser Autorität an. Der Zuhörer verknüpft das positiv-passenden Zitat mit Ihrer Präsentation zu einem angenehmen Gesamtbild.

Die Anekdote

Auch mit der Anekdote starten Sie unvermittelt in Ihre Präsentation.

Hierzu folgendes Beispiel: „Auf dem Sterbebett soll Johann Wolfgang von Goethe gesagt haben: ‚Mehr Licht'. Meinte er damit, dass er mehr Licht brauchte, weil es zu dunkel im Zimmer war?

Oder wollte er in seinem Frankfurter Dialekt ausdrücken: ‚Mer licht hier so schlecht', was frei übersetzt heißt: ‚Man liegt hier so schlecht'? Wir können es nicht wissen. Was ich aber weiß, ist …"

In der Regel werden Zuschauer lächeln oder zustimmend nicken. Sie sind positiv gestimmt und neugierig auf das Kommende.

Der Vergleich

Wie gefällt Ihnen dieser Einstieg?

„Eines Tages begegnete eine stabil und ausladend kräftig gebaute Dame einem stockbetrunkenen Mann. ‚Mein Gott, sind Sie aber betrunken, das ist ja eklig‘, rief die Dame. Der Betrunkene blieb stehen, schaute die Dame an und erwiderte: ‚Ich bin zwar betrunken – doch dafür sind Sie furchtbar fett! Aber Morgen bin _ich_ wieder nüchtern!‘"

Höchstwahrscheinlich wird Ihr Gegenüber nun lächeln oder mit dem Kopf nicken. Sie fahren fort: „Meine Geschäftsidee hilft, …"

Hinweis: Sollte Ihr Gesprächspartner kräftige Hüftpolster haben, passt dieses Bild natürlich nicht …

Die wahre Begebenheit

Suchen Sie etwas aus der Geschichte, was Sie sehr beeindruckt hat. Natürlich muss es zu Ihrer Geschäftsidee passen.

Beginnen Sie dann so: „Als Martin Luther King am 28. August 1963 seine berühmte Rede ‚I have a dream‘ vor Tausenden von Menschen hielt, mögen ihm die aktuellen Situationen bestenfalls als Visionen erschienen sein."

Eventuell zustimmendes Kopfnicken des Gesprächspartners. „Auch meine Geschäftsidee könnte als Vision betrachtet werden. Deshalb …"

Das persönlich Erlebte

„Während der Fahrt mit dem Zug hierher konnte ich im Folgenden Zeuge sein. Im Abteil saß mir schräg gegenüber eine ältere Dame, die sich offensichtlich über das Verhalten einiger junger Leute ärgerte. Sie hatten ihre Musik ziemlich laut eingestellt und kommunizierten deswegen auch auf einem erhöhten Lautstärke-Level.

Die Frau schüttelte den Kopf und murmelte: ‚Unmöglich, diese Jugend von heute!'"

Eventuell wird Ihr Gegenüber verständnisvoll mit dem Kopf nicken oder aber verständnislos den Kopf schütteln. „Ich frage Sie deshalb: Sind junge Menschen heute wirklich unhöflicher, als es ältere Menschen in ihrer Jugend waren? Auf dieser Frage baut meine Innovation auf: ..."

Der direkte Einstieg

Als letzte Variante soll es direkt in die ‚Vollen' gehen. Starten Sie beispielsweise so: „Aufgrund der aktuellen politischen Situation steht die Gesellschaft vor einer schwierigen Entscheidung."

Ihr Gegenüber wird gegebenenfalls geschockt, betroffen oder zweifelnd reagieren. „Ich danke Ihnen, dass Sie mir die Möglichkeit geben, eine Lösung zu präsentieren. Ich ..."

Gerade dann, wenn Sie schnell zum Punkt kommen wollen oder Ihr Thema als dringlich anzusehen ist, sind Sie mit diesem Einstieg direkt ‚mittendrin'.

Die Struktur des Hauptteils

Nachdem Sie es nun genial geschafft haben, die Aufmerksamkeit Ihres Gegenübers zu erhalten, befinden Sie sich bereits im Hauptteil Ihres Gespräches beziehungsweise Ihrer Präsentation.

Verleihen Sie dieser eine nachvollziehbare Struktur. Spannen Sie einen ‚Roten Faden'. Die Struktur vermittelt eine gewisse Sicherheit.

Nicht nur Ihnen selbst, sondern auch Ihrem Gesprächspartner, da er etwas hat, woran er sich ‚festhalten' kann. Er behält die Orientierung.

Strukturieren Sie nicht nur Ihre komplette Präsentation, sondern ganz besonders den Hauptteil! Eine logische Gliederung in der Struktur zielt auf einen nachvollziehbaren Sachverlauf.

Logischer Aufbau im Hauptteil

Im Hauptteil könnten Sie Ihren Inhalt wie folgt gestalten.

- Gehen Sie vom Detail zum Ganzen oder vom Ganzen zum Detail.
- Starten Sie mit dem Allgemeinen und gehen dann zum Besonderen.
- Nennen Sie sofort das Ziel und zeigen Sie den Lösungsweg auf, um dieses Ziel zu erreichen.
- Beginnen Sie bei der Ursache, gehen über die Wirkung bis hin zur Lösung. Die Lösung haben Sie natürlich parat.
- Ein ähnliches Vorgehen startet mit der Problemstellung beziehungsweise Herausforderung und kommt dann über die Lösungswege zum Ziel.
- Schließlich gibt es noch die Möglichkeit den Ist-Zustand zu schildern und diesen mit dem Soll-Zustand zu vergleichen. Ihre Darstellung zeigt, welche Möglichkeiten Sie bieten, den Ist-Zustand zum Soll-Zustand zu machen.

Die chronologische Dreiteilung

Sehr gerne wird im Hauptteil vieler Reden und Präsentationen die Zeitachse benutzt. Beispielsweise so:

- Gestern – Heute – Morgen
- Vergangenheit – Gegenwart – Zukunft
- Vorfahren – Vater – Sohn / - Mutter – Tochter

Eine Drei-Teilung ist für die meisten Zuhörer sowieso schon gefällig. Hier zeigt sie sich chronologisch. Für viele ist es nachvollziehbar, wenn im Hauptteil begonnen wird mit: „Damals …", um den Ursprungsgedanken (den Beginn, die Vision, die Gründung) zu beschreiben. Dadurch wird die Frage nach dem ‚Warum', ‚Woher', oder ‚Wieso' beantwortet.

Wechseln Sie dann in die Gegenwart: „Heute stellt sich die Situation so dar …" und schildern Sie den Ist-Zustand. Der Gesprächspartner versteht, unter welchem Aspekt der augenblickliche Stand zu sehen ist.

Schließlich fehlt die dritte Komponente, nämlich das Morgen: „Wie sieht die Zukunft aus …?" Es wird der Soll-Zustand beschrieben. Für die Zuhörer wird erkenntlich, ‚was', ‚wie' oder ‚wann' etwas geschehen soll.

Selbstverständlich formulieren Sie, wie Sie dieses Ziel mit der finanziellen Unterstützung Ihres Investors erreichen können.

Das Präsentations-Ende

Nach geglückter Durchführung des Hauptteils begeben Sie sich zum letzten Teil Ihrer kurzen Präsentation: dem Schlussteil.

Es wäre sehr schade – und würde Ihre Präsentation auch abwerten – wenn Sie mit „Das war's" aufhörten.

Im Schlussteil kann eine kurze Zusammenfassung Ihrer Präsentation gegeben werden. Damit die Erinnerungen beim Zuhörer richtig aufgerufen werden, empfiehlt sich die Zusammenfassung in zeitlicher Reihenfolge, und zwar so, wie Sie präsentierten.

Ihr wichtigster Part ist nun erledigt. Noch muss nicht geklärt sein, ob Sie den Geldgeber überzeugt haben. Schließen Sie mit einer Moral oder einem Appell ab.

Die Moral

„Die Moral von der Geschicht' ..."

Wie viele Märchen und Erzählungen enden mit einer Moral? Spielerisch wurden dem Gesprächspartner Zusammenhänge dargestellt. Er lernt etwas. Er lernt, dass es sich lohnt, in Ihre innovative Idee zu investieren – Sie haben den Geldgeber überzeugt.

Der Appell – Die Aufforderung

Fordern Sie Ihren Gesprächspartner/Geldgeber deutlich durch einen Appell auf, Sie finanziell zu unterstützen.

„Ich, als kleiner Start-Uper kann alleine nichts erreichen. Wenn ich Sie von meiner Idee überzeugt habe, bitte ich Sie, mich finanziell zu unterstützen, um meine Geschäftsidee realisieren zu können."

Nun liegt es am potentiellen Geldgeber, Ihnen eine Rückmeldung zu geben. Damit sind Sie einen deutlichen Schritt weiter und wissen, ob sich Ihre Innovation oder kreative Weiterentwicklung realisieren lassen.

Win-Win-Situation

Wie an anderer Stelle erwähnt: Vermeiden Sie als Bittsteller aufzutreten. Immerhin haben Sie ein geniales Projekt – vorerst – in Ihrem Gehirn.

Sie wollen eine Win-Win-Situation erzielen, für den Geldgeber und für sich selbst. Also sind Sie auch selber ‚Höhe', um sich gleichberechtigt gegenüberzutreten.

Wirken Sie aber auch nicht zu überheblich, zu arrogant. Sie möchten immerhin mit jemandem <u>zusammen</u> Ihre Idee verwirklichen.

Strahlen sie eine positive Zuversicht aus. Seien Sie von Ihrer Idee überzeugt und freuen sich auf einen Partner.

Die eigene Einstellung wird sich auf Ihre Körpersprache übertragen, sodass Sie eine authentische, überzeugende Ausstrahlung vermitteln.

Beide, Sie und Ihr Gegenüber, wollen das Gefühl haben, sich mit sympathischen Gewinnern zusammenzutun.

Teil 3 – Feuer versprühen und Begeisterung zeigen

Das Feuer der Begeisterung überspringen lassen

„Wie kann ich meine Begeisterung auf den anderen übertragen?"

Nichts Großes ist je ohne Begeisterung geschaffen worden.
Ralph Waldo Emerson, US-amer. Philosoph
(1803 - 1882)

Glut entfachen – Feuer entfachen

Bedauerlicherweise ist immer wieder zu beobachten, dass jemand, der eine gute Idee hat, diese noch lange nicht überzeugend darstellen kann.

Eine dröge Darstellung der an sich guten Idee tötet Interesse und Begeisterung schon im Ansatz.

Rumgestammel, Wiederholungen oder gar widersprüchliche Aussagen erzeugen Distanz zum potentiellen Geldgeber. Unklare und schwammige Formulierungen langweilen und lassen mögliches Interesse schnell erlöschen.

Die Vision

Bringen Sie sich einige klassische Visionäre in Erinnerung. Nehmen Sie stellvertretend den großartigen Erfinder und Visionär Leonardo da Vinci (1452 – 1519).

Nicht umsonst wird er als Universalgenie gesehen. Wie ist das möglich? Nun, er hat ausgesprochen kreativ gedacht und gehandelt. Vor allem anders als die Menschen, die in seiner Zeit lebten.

Leonardo hatte die (damals sicherlich verrückte) Vision vom Fliegen. Er hat viel Zeit investiert, ein Fluggerät zu entwickeln. Zu seinen Ideen gehörte beispielsweise auch ein Fallschirm. Leonardo hat militärische Kriegsmaschinen wie Panzer entwickelt und überlegt, wie ein militärisches Lager besser vor Angriffen geschützt und verteidigt werden kann.

Er machte sich Gedanken, wie ein Mensch in die Tiefe abtauchen könnte. Wie müsste eine Taucherausrüstung gestaltet sein, damit der Mensch überleben kann? Unvorstellbar in der damaligen Zeit.

Er war fasziniert von der Anatomie des Menschen. Verbotenerweise und heimlich sezierte er Leichen, um sein brennendes Bedürfnis an Wissen zu befriedigen.

Wie war es ihm möglich, tatsächlich einige seiner Ideen zu realisieren? Ganz bestimmt nicht dadurch, dass er in seinen eigenen vier Wänden unauffällig arbeitete. Er musste andere überzeugen. Sei es Geldgeber, den finanzkräftige Adel oder einflussreiche Menschen, die ihm in jeglicher Art helfen konnten, seine Visionen zu realisieren.

Begeisterung, Glut, Feuer

Leonardo war hundertprozentig begeistert von dem, was er tat. Wer begeistert ist von seiner Tätigkeit, fängt Feuer.

Bleiben wir bei diesen Termini: Zuerst roch er Lunte, weil er etwas Sinnvolles wahrnahm. Er fing an, sich gedanklich damit zu beschäftigen; die Glut wurde entfacht.

Nun engagierte er sich so stark in die Arbeit, dass er Feuer entzündete. Er brannte für seine Sache.

Übertragen wir das auf den jetzt lebenden Menschen, der eine klasse Idee hat. Auch er ist von seiner Idee restlos begeistert. Treffen wir mit ihm zusammen, ist ihm diese Begeisterung deutlich anzumerken.

Redet er über seine Tätigkeit, unterstreicht er seine Worte durch deutliche Gesten. Er redet sozusagen mit Händen und Füßen.

Seine Augen strahlen regelrecht; die komplette Mimik spiegelt diese Begeisterung wider. Es ist ihm anzusehen und anzuhören, dass er für seine Idee lebt. So muss es sein.

Die Begeisterung nutzt ihm in seinen vier Wänden nichts. Dort wird er nichts erreichen. Er muss raus, um andere zu überzeugen.

Es drängt ihn, seine Idee anderen zu vermitteln. Er wird nicht ruhen, bis ihm das auch tatsächlich gelingt.

Im Idealfall kann er diese Begeisterung anderen so mitteilen, dass sozusagen das Feuer überspringt! Der nächste Zuhörer ist infiziert. Er trägt die Begeisterung nun in sich und übermittelt sie an Dritte.

Das Feuer überspringen lassen

Wenden wir uns noch einmal Franziska und Niklas zu. Die beiden haben an ihrer Idee lange getüftelt, immer wieder kleine Verbesserungen vorgenommen und sind 100-prozentig sicher, dass sie mit ihrer Idee erfolgreich ‚einschlagen' wird.

Nun sind sie dabei, den Geldgeber zu überzeugen.

Sie streben in ihrer Gesprächsführung vier Ziele an:

1. Der Geldgeber soll Lunte riechen.
2. Beim Geldgeber soll die Glut entfacht werden.
3. Der Geldgeber soll Feuer fangen.
4. Das Feuer soll überspringen.

Hier sind im Einzelnen die vier Schritte dargestellt.

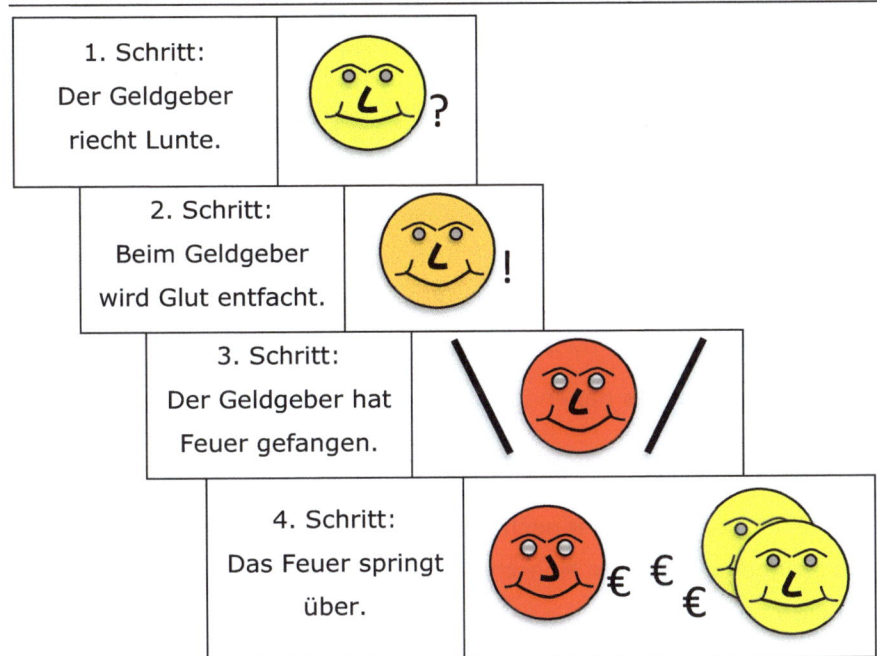

1. Schritt:
Der Geldgeber riecht Lunte.

2. Schritt:
Beim Geldgeber wird Glut entfacht.

3. Schritt:
Der Geldgeber hat Feuer gefangen.

4. Schritt:
Das Feuer springt über.

Zu Schritt 1: Anfangs weiß der Geldgeber noch nicht, worum es überhaupt geht. Er weiß nur, dass er überzeugt werden soll, sich finanziell zu beteiligen.

Durch die geschickte rhetorische Vorgehensweise, die oben beschrieben wurde, zeigt der Geldgeber Interesse. Er hat sozusagen Lunte gerochen.

Zu Schritt 2: Mit dieser Einzigartigkeit, der innovativen Neuigkeit und der kreativen Idee schaffen es Franziska und Niklas beim Geldgeber die Glut zu entfachen.

Er merkt, welche Vorteile er haben kann, wenn er dieses Start-Up-Unternehmen finanziell unterstützen wird.

Zu Schritt 3: Die Begeisterung, die Franziska und Niklas ausstrahlen, springt jetzt auch auf den Geldgeber über. Er spürt, dass die vorgestellte Idee erfolgreich sein wird. Selbstverständlich will er an diesem Erfolg teilhaben. Bildhaft ausgedrückt hat er Feuer gefangen.

Zu Schritt 4: Damit ist gemeint, dass nun auch der Geldgeber überzeugt und begeistert ist. Er kann sich sehr gut in die Realisierung des Projektes versetzen. Er lässt das Feuer nun überspringen, indem er Franziska und Niklas finanziell unterstützt.

Franziska und Niklas haben ihr Ziel erreicht. Gratulation!

Mit allen Sinnen arbeiten

Hunderte, Tausende oder noch mehr Sinnesempfindungen und -eindrücke drängen sich jedem Menschen täglich auf. Alles Mögliche soll wahrgenommen werden.

Das Gehirn muss in kürzester Zeit die über die Sinne aufgenommenen Informationen speichern oder erkennen, welche tatsächlich wichtig sind.

Der Ton, die Betonung, die Lautstärke, die Sprechmelodie und so weiter übermitteln Informationen an den Zuhörer allein schon über den Gehörsinn.

Der eine versteht besser, wenn er etwas sieht, der andere wenn er etwas hört und der dritte wenn er etwas anfasst. In der Kommunikation können und sollen alle fünf Sinne eingebunden werden, um das Gesagte besser verständlich zu machen.

Je mehr Sinne angesprochen werden, umso mehr übermittelte Informationen kommen beim Empfänger an. Das ist wichtig, wollen Sie Ihren Zuhörer doch überzeugen.

Wenn Sie im Gespräch herausfinden, mit welchem der fünf Sinne Ihr Gesprächspartner häufiger argumentiert, wissen Sie, wie er besser versteht. In diesem Fall können Sie den Sinneskanal verstärkt einsetzen, der Ihre Informationen am verständlichsten zum Gegenüber bringt.

Der gustatorische Sinn

„Das schmeckt mir!" Hier wird ganz deutlich der Geschmackssinn angeregt. Im übertragenen Sinn bedeutet es, dass das Gehörte gefallen hat. Schlecht, sollte Ihr Gegenüber sagen: „Das schmeckt mir gar nicht."

Sie können den gustatorischen Sinn in Präsentationen anregen beispielsweise durch die Beschreibung eines Verzehrs eines Produkts unter Verwendung appetitanregender Eigenschaftswörter wie prickelnd, schmackhaft, herzhaft und andere.

Der Zuschauer muss das Produkt nicht selbst verzehren. Bereits bei der Beschreibung, bei einem Bild oder einem Bild in der Vorstellung projizieren seine Geschmackssinne die Wahrnehmungen ‚auf die Zunge'.

Das Zeigen eines Lebensmittels regt in der Regel bereits den Geschmackssinn an. „Das zergeht mir auf der Zunge." Ist Ihr Angebot so verlockend, so ‚schmackhaft', dass der Geldgeber eine Aussage in diese Richtung tätigt, haben Sie so gut wie gewonnen.

Der auditive Sinn

„Das hört sich gut an." „Lassen Sie uns nicht aufhören, ..."

Hier wird der Gehörsinn angeregt beziehungsweise das (Zu)-Hören aktiviert. Beispiel: „Ich stelle meine Ohren ganz spitz, um genau zu verstehen."

Der visuelle Sinn

Die meisten Menschen sind Augen-Menschen und werden auf diesem Kanal gut wahrnehmen. Hier wird vom Sehsinn gesprochen.

Beispiel: „Das sehe ich mir gerne einmal genauer an." „Aus dieser Sicht betrachtet ..." „Das ist mir sofort ins Auge gesprungen." „Lassen Sie uns das Projekt betrachten."

Genial: „Ich kann mich nicht satt sehen." Hier wird der visuelle Sinn mit dem gustatorischen gekoppelt.

„Die Idee ins gute Licht stellen." Ja, das sollte den Redner oder der Rednerinnen hoffentlich gelingen.

Der olfaktorische Sinn

Der Geruchssinn wird in der Kommunikation sehr häufig unterschätzt. Tatsächlich trägt der Geruch dazu bei, vieles deutlicher wahrzunehmen. Im rhetorischen Austausch könnten folgende Aussagen fallen: „Das stinkt mir." Oder: „Ich kann den Typ nicht riechen."

Besonders die letzte Aussage lässt tief blicken. Sie sagt nämlich aus, dass der Gesprächspartner sein Gegenüber nicht mag. Er findet sein Gegenüber regelrecht abstoßend.

Wird das Wort ‚kann' probehalber durch das Wort ‚will' ersetzt, wird daraus: „Ich will den Typ nicht riechen." Eine Geschäftsbeziehung wird sich hier kaum aufbauen. Schlechte Karten für die, die einen Geldgeber überzeugen wollen.

In einer Pitch-Veranstaltung lieber positive Formulierungen verwenden: „Das riecht nach Erfolg." „In dem Augenblick, in dem wir unsere Nase tief in die Materie stecken, ..."

Der kinästhetische Sinn

Schließlich steht noch der fünfte Sinn aus, der Tastsinn. Dieser spricht die Fähigkeit der unbewussten Steuerung von Körperbewegungen an. Zu diesem Sinn gibt es eine ganze Menge Beispiele, von denen Sie viele kennen dürften. „Ich könnte aus der Haut fahren." „Immer wird alles auf mir abgeladen." „Das zwingt mich in die Knie." „Das habe ich mir zu Herzen genommen." „Ich kann es nicht fassen."

Können Sie von Ihrem Gesprächspartner Formulierungen dieser Art wahrnehmen, wissen Sie, dass er Anschauungsmaterial greifen, gar angreifen, will. „Ich kann es nicht begreifen." Diese Aussage zeigt, Ihr Gesprächspartner hat nicht die Möglichkeit etwas zu be-greifen.

„Das lässt sich an 5 Fingern abzählen." „Hand aufs Herz!" „Das begreift jedes Kind."

Machen Sie es dem Zuhörer leichter, indem Sie beispielsweise ein Modell oder eine greifbare Darstellung Ihrer Idee mitbringen.

Bei Präsenz-Veranstaltungen kann ein sauber ausgedrucktes Diagramm auf festem, gutem und dicken Papier, das der Zuschauer während Ihrer Präsentation in die Hand bekommt, den Tastsinn anregen.

Mit allen fünf Sinnen arbeiten

Vielen Rednern und Rednerinnen fällt es schwer, alle fünf Sinne einzubringen. Manche haben sich auch noch nie Gedanken darüber gemacht.

Sie beschränken sich klassischerweise auf den Sehsinn und den Hörsinn. Die anderen drei Sinne werden überhaupt nicht angesprochen.

Folge: Der Zuhörer nimmt nur einen kleineren Prozentsatz wahr, von dem, was der Redner beziehungsweise die Rednerin vermitteln möchte.

Gut gestaltete Werbeclips schaffen es, möglichst alle Sinne anzuregen. Schließlich geht es um Umsatz und damit um Erfolg. Ist es bei dem Präsentierenden anders?

Rhetorische Unwörter

Manch einer scheitert daran, seine sehr guten Ideen ‚überzeugend' zu verkaufen, weil er in seinem Text viele schwammige Wörter verwendet.

Das muss nicht sein. Im Folgenden werden häufig verwendete Wörter gezeigt, die sich rhetorisch problemlos ersetzen lassen.

Das diplomatisch starke aber rhetorisch schwache „man/frau"

„Man weiß ja, wie schwierig es ist, …" Wer ist man? Wird hier für die Anonymität gesprochen? Besser: „Der Betreffende …" oder „Sie …" oder „Ich …"

Sollten Sie zu den Menschen gehören, die häufig ‚man' verwenden, könnten Sie mit einem Trick aus dieser rhetorisch schwachen Formulierung rauskommen. Reden sie über eine (auch fiktive) Person, können Sie anschließend immer ‚sie' sagen, also ‚sie, die Person'.

Vergleichbares geht mit einem Menschen, über den sie immer in der ‚er'-Form sprechen. „Herr Mertens ist dabei, sein Leben zu optimieren. Er …"

Deutlich besser als: „Will man sein Leben optimieren, sollte man …"

Die Möglichkeitsformen „sollte, könnte, müsste"

„Hätte, hätte, Fahrradkette." Kennen Sie diesen Spruch? Jemand wählt in einer Aussage das Wort ‚hätte'.

Der Gesprächspartner zeigt mit dieser Reaktion, dass die Aussage keinen Schritt weiterbringt, da ja in einer Möglichkeitsform der Vergangenheit gesprochen ist und nun die Realität (Gegenwart) ansteht.

„Sie sollten was tun." Sollten heißt nicht, dass der Betreffende es wirklich tun wird. Die anscheinend höfliche Form soll niemandem wehtun. Sie ist im Dialog aber nicht unbedingt im Sinne der Zielorientierung förderlich. Besser: „Entscheiden Sie bitte."

Das unterbrechende „halt"

„Schauen Sie halt mal nach." Weswegen halt?

Besser: „Schauen Sie bitte nach". Wird das Wort ‚halt' mit ‚stopp' gleichgesetzt, bestände das Risiko, den Zuhörer in seinem Gedankenfluss ständig anzuhalten.

Das in den Gegensatz drehende „eigentlich"

„Eigentlich finde ich das gut." Aber nur eigentlich. ‚Eigentlich' bedeutet ‚eigentlich nicht'. Das Wort ‚eigentlich' stellt eine Einschränkung dar, lässt also dem Sprecher noch ein Hintertürchen offen.

In den meisten Fällen kann das Wort ‚eigentlich' ersatzlos gestrichen werden. Besser: „Ich finde die Idee gut."

Schwach: „Meine Idee bringt eigentlich nur Vorteile." Besser: „Meine Idee bringt nur Vorteile."

Ausnahme zur passenden Benutzung des Wortes: ‚Im eigentlichen Sinne'.

Das lockere „eben, eben mal"

„Betrachten Sie eben mal das Handout." ‚Eben mal' scheint eine kurze Zeitspanne zu signalisieren.

Es wird demnach nicht viel Zeit in Anspruch nehmen, in die Unterlagen zu sehen. Besser: „Betrachten Sie bitte jetzt das Handout."

Das sich quälende „irgendwie, irgendwann, irgendwo"

„Irgendwie erscheint mir das unangenehm." Besser: „Mir erscheint das unangenehm." Noch besser: „Folgende Vorgehensweise erscheint mir angenehm."

Das einleitende „also, so"

„Also lassen Sie uns weiterfahren." Das Wort ‚also' zu Beginn eines Satzes scheint einen logischen Aufbau im Dialog fortzuführen. Tatsächlich lässt sich meistens der Satz im selben Sinne ohne dieses Wort bilden. Besser: „Lassen Sie uns fortfahren."

Die affektive Bedeutung eines Wortes

Unter affektiver Bedeutung eines Wortes wird die emotionale Reaktion bezeichnet, die das Wort nach sich zieht.

Wörter lösen Gefühle aus

Natürlich ist kein Wort ‚schlecht' oder ‚gut'. Allerdings beeinflussen Wörter den Zuhörer. Manche Wörter werden als ‚ungut' abgelegt (zum Beispiel das Wort Körpergeruch), andere Wörter erzeugen eher einen angenehmen Effekt (wie das Wort Duft).

In einem Überzeugungsgespräch, zu dem ein Pitch eindeutig gehört, muss nicht nur die Struktur stimmig sein, das Ziel genannt werden und die Wortwahl vernünftig gewählt sein, sondern auch eine gute Stimmung erzeugt werden.

Das erreicht selbstverständlich auch der Präsentierende durch sein menschliches und authentisches Auftreten.

Teil 3 – Feuer und Begeisterung

Ein wenig Psychologie kann hier helfen, noch besser und überzeugender dazustehen. Nämlich mit gezielt gewählten Wörtern, die passend und fließend in die Präsentation eingefügt werden.

Analyse eines Textausschnittes

Stellen Sie sich vor, in die Rolle des Geldgebers zu schlüpfen. Nun hören Sie sich den jungen Mann oder die junge Frau an, die erwartungsvoll die Geschäftsidee präsentiert und auf Ihre finanzielle Zuwendung hofft.

Hören Sie ein paar Sätze dieser Präsentation an: „... Wir haben versucht, das Produkt so billig wie möglich herzustellen. Dabei gab es allerdings ein Problem mit den Materialien. Wir haben einfach nichts Passendes gefunden, um das kratzende Geräusch bei der Bewegung der Einzelteile wegzubekommen. Wir wissen noch nicht ...“

Selbst einem Laien müsste auffallen, dass hier viele Wörter verwendet werden, die ein gewisses Versagen oder auch Nachteile ausdrücken. Welcher Geldgeber – in unserer Überlegung sind Sie das gerade – will in etwas investieren, das Probleme zeigt und offensichtlich bei weitem noch nicht ausgereift ist? Betrachten Sie den Text noch einmal und versuchen, ihn im Ansatz zu analysieren.

Negativ und positiv gewertetes Textmuster

Originaltext
Analyse

Wir haben versucht, ...
Ein Versuch in allen Ehren. Das Wort ‚Versuch‘ drückt aus, dass kein Ergebnis erreicht werden musste. „Ich habe versucht, sie zu erreichen.“

Das bedeutet, dass es nicht klappte.

Das Wort ‚Versuch' drückt eine gewisse Schwäche aus, denn es zeigt gleichzeitig, dass keine Konsequenz entsteht, wenn der Versuch misslingt.

Besser wäre beispielsweise zu sagen: „Wir arbeiten intensiv daran, …"

… das Produkt so billig …

Was ist der Unterschied zwischen dem Wort ‚billig' und dem Wort ‚preisgünstig'? Billig steht für minderwertige Qualität. Preisgünstig, so wie es das Wort schon aussagt, zeigt, dass der Preis günstig ist.

Besser wäre demnach zu sagen: „… das Produkt so preisgünstig …"

… wie möglich herzustellen.

Was bedeuten die beiden Wörter ‚wie möglich'? Diese Wörter machen einen Aufwand nicht erkennbar. Sie zeigen keineswegs konkret an, wie viel Investition erfolgte.

Vielleicht wäre nur ein kleiner Schritt zusätzlich notwendig gewesen, um zum Ziel zu kommen. Oder liegt es daran, dass die Präsentierenden unfähig waren oder gar zu faul?

Besser wäre zu sagen: „… dass es locker mit einem 10-Euro-Schein zu begleichen wäre."

Dabei gab es allerdings ein Problem mit den Materialien.

Ui, Ui. Ein Problem ist aufgetaucht. Das Problem an sich ist schon schlecht. Wer hat gerne mit Problemen zu tun?

Ersetzen Sie das Wort Problem durch „… Herausforderung …". Oder, sollten Sie ein englisches Wort bevorzugen, eine … Challenge.

Wir haben einfach …

Wäre alles so einfach wie angegeben, hätte es keine Herausforderungen gegeben und es läge ein greifbares und zufriedenstellendes Ergebnis vor. ‚Einfach' klingt nach wenig Aufwand.

Wird von einer „einfachen Handhabung des Geräts" gesprochen, so ist das in Ordnung.

Ansonsten sieht es aus nach wenig Mühe und Aufwand, die geleistet wurden.

… nichts Passendes gefunden, …

Obwohl das Wort ‚Passendes' eine positive Ausstrahlung zeigt, wird es durch das Wort ‚nichts' kaputtgemacht.

Klassische Negativ-Wörter wie ‚nein', ‚kein', ‚nichts' und ähnliche sollen in Präsentationen vermieden werden.

Besser: „… sind weiterhin dabei, Geeignetes zu finden …"

… um das kratzende Geräusch …

Können Sie sich vorstellen, wie es sich anhört, wenn Metall auf Metall reibt beziehungsweise ‚kratzt'? Das hört sich ja schon in der Vorstellung fürchterlich an.

> Kein Wunder, wenn es einem dabei kalt den Rücken runterläuft.
>
> Besser wäre es, von einem ‚metallischen' Geräusch zu sprechen oder lediglich von Geräusch ohne die Eigenschaft kratzend.

... bei der Bewegung der Einzelteile wegzubekommen.

> Einzelteile zerlegen ein Ganzes in nicht brauchbare Stücke. Es sieht aus, als könne das vorgestellte Teil nicht harmonisch funktionieren.
>
> Wäre es angenehmer von ‚Komponenten' zu sprechen? Oder lieber von Bestandteilen, Zubehör oder Elementen?

Wir wissen noch nicht ...

> Es ist sehr traurig, dass die beiden noch nicht wissen. Wo sind hier die Ziele zu finden? Wie sieht denn das fertige Produkt aus? Wofür konkret soll das Geld investiert werden?
>
> Besser: „Wir klären gerade ...“

Angenehmes und wohlwollendes Gefühl

Um verständlicher zu machen, was Wörter positiv ausdrücken können, werden hier einige Beispiele genannt. Es sind Wörter, die bei den meisten Menschen ein angenehmes und wohlwollendes Gefühl auslösen.

Lesen Sie sich die Wörter durch oder sprechen Sie sie nach. In wieweit lösen diese Begriffe ein angenehmes Gefühl aus?

Positive Adjektive

Groß, stark, erfolgreich, hübsch, sonnig, farbenfroh, schnell, schmackhaft, glänzend, adrett, zielorientiert, ordentlich, aufgeräumt, pflichtbewusst, dynamisch, mutig, liebenswert, geschmeidig, flink und viele andere mehr.

Positive Verben

Bewegen, erreichen, erhalten, entscheiden, gewinnen, errichten, lachen, ankommen, überraschen, überreichen, würdigen, ehren, auszeichnen, loben, gönnen und viele andere mehr.

Positive Nomen

Ziel, Gewinn, Auszeichnung, Urlaub, Glanz, Sauberkeit, Ruhe, Freude, Neugierde, Erfolg, Feinheit, Eleganz, Übersichtlichkeit, Sonnenschein, Gebirgsgipfel, Genuss und viele andere mehr.

Teil 4 – Kreativität und Verrücktsein

Über den Tellerrand schauen

„Weshalb nicht anders denken als die anderen?"

Ich habe recht, wenn ich verrückt bin. Ich wäre verrückt, wenn ich es nicht wäre.
Henri-Benjamin Constant de Rebecque, schweiz. Schriftsteller
(1767 - 1830)

Anders denken und nonkonform handeln

Ohne Kreativität gäbe es keine Innovation. Wären unsere Vor–Vorfahren nicht neugierig und innovativ gewesen, säßen wir heute noch an den Eingängen unserer Höhlen.

Glücklicherweise hat die Natur dem Menschen die Gabe vermacht, Neues zu erforschen und immer wieder auszuprobieren, ob er nicht etwas besser machen kann als vorher.

Fehlversuche helfen dabei, den richtigen Weg zu finden. Deshalb muss sich der Einzelne wegen kleiner Rückschläge nicht schämen. Wer nichts riskiert, kann nichts großartiges Neues leisten.

Kreativität oder Innovation?

Das Wort Kreativität kommt vom lateinischen Wort ‚creare' und heißt ‚etwas neu schöpfen'. Es wird etwas hergestellt, was es in dieser Art noch nicht gab. Ist etwas absolut neu, wird von Innovation gesprochen. Auch Innovation kommt aus dem Lateinischen (innovare = erneuern) und bedeutet ‚Erneuerung'.

Das Gabler Wirtschaftslexikon definiert Kreativität als „die Fähigkeit, in fantasievoller und gestaltender Weise zu denken und zu handeln."

Was bedeutet Fantasie? Das ist schon etwas schwieriger zu beschreiben. Vielleicht so: Fantasie bedeutet die Kraft, Alternativen zur bestehenden Realität zu finden. Einen anderen Weg zu suchen und zu finden, als das bisherige Leben vorgibt.

Bei Innovation verweist die oben genannte Quelle auf eine Neuerung. Grob lässt sich sagen, dass es kreativ wäre, beispielsweise mit einem kugelförmigen Smartphone zu arbeiten, innovativ hingegen, wenn der Nutzer damit arbeiten kann, ohne dass es physisch greifbar vorhanden wäre. Die Kreativität zeigt eine Alternative zur bestehenden Form, die Innovation bringt etwas komplett Neuartiges.

Kreatives Denken

An einigen Universitäten wird das Fach ‚Creative Thinking' gelehrt. Das klingt moderner als zu sagen ‚Kreatives Denken', meint aber dasselbe.

Wer kreativ denken kann, der …

- … schwimmt nicht im Mainstream mit. Der Mainstream spiegelt das Handeln beziehungsweise den Geschmack der Mehrheit der Menschen einer Gesellschaft wider.

- … ist bereit, unübliche Vorgehensweisen zu akzeptieren und auszuprobieren.

- … gräbt bei sich eigene, ihm bisher unbekannte kreative (eigene) Fähigkeiten aus.

- … betrachtet Unbekanntes als positive Herausforderung und freut sich darauf, diese zu meistern.

- … kann und will improvisieren.

- … hinterfragt übliche Gewohnheiten und ist bereit, neue Wege einzuschlagen.

- … eliminiert eingefahrene Denkmuster.

- … überwindet und sprengt Denkrahmen. Er hebt das Scheuklappendenken auf.

- … nimmt gedanklich einen Perspektivenwechsel beziehungsweise Rollenwechsel vor.

- … geht Risiken ein und hat keine Angst vor Fehlschlägen.

Alternativen versus Einschränkungen und Schuldzuweisungen

Der kreativ denkende Mensch weiß, dass es zu allem immer Alternativen gibt. Diese müssen lediglich gesucht und gefunden werden. Er weiß auch, dass es beim Denken und Vorschlagen von Ideen keine Einschränkungen gibt.

Schließlich weiß er, dass es häufig unnütz ist, die Schuld nach einem begangenen Fehler zu suchen, sondern lieber zu überlegen, wie in Zukunft vorgegangen werden kann, um den gleichen Fehler zu vermeiden. Kreativität lässt sich nicht erzwingen, kann aber trainiert werden.

Kreativitätstechnik – Die farbigen Denkhüte

Stellvertretend für verschiedene Kreativitätstechniken soll hier das Modell der Denkhüte nach Edward de Bono (britischer Kognitionswissenschaftler, *1933) stehen.

Die Umsetzung dieser Übung kann alleine oder im Team erfolgen. Gehen wir zuerst davon aus, dass Sie alleine damit arbeiten wollen.

Vor Ihrem Pitch könnten Sie Ihre Idee mithilfe dieses Modells durchdenken.

Herausforderung: Ist-Situation

Sie sind mit einer Herausforderung konfrontiert. Sie überlegen in alle Richtungen, drehen hin und her, verbringen schlaflose Nächte, kommen aber einfach nicht zum Ergebnis. Woran mag das liegen? Das ist relativ einfach zu beantworten. Sie können verständlicherweise nur so denken, wie es Ihnen Ihr eigenes Gehirn ermöglicht. Ihnen fehlt sozusagen das Input von anderen Personen.

De Bono schlägt nun vor, dass Sie der Reihe nach jeweils einen der farbigen Hüte aufsetzen. Dabei können Sie sich tatsächlich eine farbige Kopfbedeckung aufsetzen oder ersatzweise einen entsprechenden Farbstift vor sich legen oder auch nur die Bezeichnung der Farbe auf einen Zettel schreiben.

Umsetzung: Abstand von der eigenen Gedankenwelt nehmen

Wichtig ist lediglich, dass Sie nun anfangen zu überlegen und zu denken, wie es der aufgesetzte Hut jeweils vorgibt. Dabei spielt es keine Rolle, wie Sie ‚eigentlich' denken oder argumentieren würden.

Das gilt es dabei auszuschließen, denn es soll ja in einem Denkmuster einer anderen Person (einer anderen Farbe) gedacht werden. Demnach so, wie Sie es üblicherweise nicht täten. Schließlich sollen Sie lernen, andere Denkweisen durchzuspielen, um eine einseitige Betrachtung zu verhindern.

Mental Flexibilität: Wie der farbige Hut denkt

In dieser Tabelle ist aufgelistet, wie der jeweilige Mensch (der Mensch mit dem jeweils farbigen Hut) argumentiert und denkt.

Der schwarze Hut		Denkt kritisch, ist skeptisch und sieht vor allen Dingen Risiken und Schwierigkeiten.
Der weiße Hut		Denkt analytisch, bleibt sachlich und objektiv, ergänzt Fehlendes, sammelt Fakten, Daten und Zahlen.
Der gelbe Hut		Denkt optimistisch, verbreitet Optimismus, sucht Vorteile, unterstützt Ideen, bleibt aber realistisch.
Der grüne Hut		Denkt kreativ, findet Alternativen, ist visionär, lässt gedankliche Grenzen außen vor, spielt mit Varianten.
Der rote Hut		Denkt emotional, zeigt Gefühle auf, macht auf Störendes aufmerksam und weist auf Nachteile hin.
Der blaue Hut		Denkt ordnend, ordnet alle Aussagen, zeigt Vor-und Nachteile auf und stellt alles zielorientiert dar.

Praxisbeispiel: Die innovative Idee farbig betrachten

Sie sind ein Start-Uper und haben eine innovative Idee.

Immer wieder kommen Ihnen Zweifel, ob Ihre Idee erfolgreich realisiert werden kann. Nicht umsonst wälzen Sie sich nachts schlaflos in Ihrem Bett.

Teil 4 – Kreativität und Verrücktsein

In eine Rolle schlüpfen: Die Denkhüte aufsetzen

Beginnen Sie nun mit einem der Hüte. Setzen Sie sich beispielsweise zuerst den schwarzen auf, da er ganz oben in unserer Liste steht. Grundsätzlich spielt die Reihenfolge aber keine Rolle.

Noch ein kleiner Hinweis, bevor Sie anfangen: Argumente, die der schwarze Hut vorbringt, müssen von den anderen nicht widerlegt werden. Am besten in diesem Stand des Spiels gar nicht darauf eingehen.

Sie haben den schwarzen Hut aufgesetzt. Das heißt, dass Sie Ihre Idee kritisch und skeptisch betrachten.

Beispielsweise kommen Sie auf folgende Gedanken: „Mein Produkt ist viel zu teuer. Vielleicht findet sich niemand, der es herstellen will. Was mache ich, wenn ich keine Zulassung vom TÜV erhalte? Wie gehe ich mit Reklamationen um? Habe ich überhaupt jemanden, der mein Produkt vermarkten wird?"

Es gibt keine Begrenzung von Aussagen, die Sie durchdenken können oder, vielleicht sogar noch besser, aufschreiben.

Aus der Rolle heraus argumentieren: Begründete und nachvollziehbare Argumentation

Streben Sie an, Ihre Überlegungen in Argumente zu formulieren, um eine Begründung zu finden. „Mein Produkt ist viel zu teuer, weil der Durchschnittsdeutsche für Waren dieser Art pro Monat nur Euro xx,xx ausgibt."

Das erfordert ein genaueres Nachdenken bei Ihnen und hilft später im Austausch mit den anderen Farbhüten, sich gegenseitig zu überzeugen beziehungsweise zu merken, dass ein Argument unwichtig wird.

Die Rollen wechseln: Die Hüte austauschen

Nun setzen Sie den weißen Hut auf. Unter diesem Hut spüren sie keinerlei Emotionen. Sie haben auch keine Bedenken oder Ängste. Ganz sachlich und analytisch sammeln Sie Informationen.

Beispielsweise: „Mein Produkt kostet in der Herstellung Euro 23,72 plus gesetzlicher Umsatzsteuer. Die mögliche Zielgruppe für mein Produkt liegt laut Statistischem Bundesamt bei 432.000 Personen allein in Deutschland. In Asien gibt es zurzeit ein vergleichbares Produkt, das aber dreimal so viel wiegt wie meines.“

Nun ist der gelbe Hut dran. Hier versprühen Sie Optimismus. Sie heben aber in Ihren Gedanken nicht ab, dafür ist der grüne Hut zuständig. Bleiben Sie bei allem Optimismus realistisch.

Diese Denkweise symbolisiert der gelbe Hut: „Das wird bestimmt ein Verkaufsschlager. Vor allem die jungen Leute werden uns dieses Teil aus den Händen reißen. Der Vorteil dieses Produkts ist seine Handlichkeit. Es passt in jede Hosentasche und in jede Handtasche. Es ist ein Wunder, dass bisher niemand vor uns diese innovative Idee hatte.“

Danach setzen Sie den grünen Hut auf, dann den roten und schließlich den blauen. Berücksichtigen Sie bitte, dass Sie beim hier gezeigten Beispiel immer nur wenige Augenblicke mit einem Hut verbringen.

Nehmen Sie sich in der praktischen Umsetzung die notwendige Zeit, jeden Hut deutlich länger aufzubehalten.

Sei es eine Viertelstunde oder gar eine ganze Stunde. Bei sehr großen Projekten schadet es auch nicht, einen ganzen Tag mit dem gleichfarbigen Hut umherzugehen und sich entsprechende Gedanken zu machen.

Das Hutspiel mit Freunden – Perspektivenwechsel

Wenn Sie das Spiel mit einem Freund oder einer Freundin spielen wollen, sitzen Sie sich mit zwei verschieden farbigen Hüten gegenüber. Jeder argumentiert aus seiner Sicht. So könnten Franziska und Niklas zu zweit vorgehen.

Spielen Sie zu zweit, können Sie gegenseitig Ihre Argumente entkräften. Sie werden ganz schnell merken, dass diese Übung nicht nur Spaß bereitet, sondern Ihnen auch die Augen zu bestimmten Ansichten öffnet, die Sie vorher gar nicht hatten.

Jetzt hilft es Ihnen, wenn Sie mit Argumenten arbeiten. Am Ende des Dialogs wird sich zeigen, welche Argumente kräftiger waren. So werden Sie erkennen, in welche Richtung sich Ihre Geschäftsidee entwickeln kann.

Mit dieser Vorgehensweise schaffen Sie es, Ihre Herausforderung aus verschiedenen Perspektiven zu durchleuchten. Sie erweitern ohne großen Energieaufwand sozusagen Ihren Horizont. Sie erhalten neue Anregungen zur Umsetzung Ihres Projekts.

Probieren Sie es einmal aus. Vielleicht gehören Sie zu den glücklichen Menschen, die mit dieser Kreativitäts-Technik effektiv arbeiten können.

Flexibles Denken und Handeln

Wer die Kraft hat, Alternativen zu suchen und zu finden, denkt anders als üblich. Er zeigt flexibles Denken. Es lässt sich sagen, er es schafft, ‚über den Tellerrand' zu schauen.

Das Denken und das Schauen genügen allerdings noch nicht. Es fehlt noch, aktiv zu werden, zu handeln. Bleibt jemand ausschließlich in seiner Gedankenwelt kreativ, nutzt es ihm im echten Leben wenig. Er würde bestenfalls als Träumer bezeichnet werden.

Schafft er es, andere Gedanken zum Leben zu erwecken, lässt sich kreatives Handeln erkennen.

Verrückt sein

Versuchen Sie sich vorzustellen, ein Mensch wie Christoph Kolumbus (1451 – 1506) behauptet plötzlich, er könne einen Seeweg finden, der in entgegengesetzter Richtung rund um den Globus führt. Was müssen seine Mitmenschen damals gedacht haben? „Der ist verrückt, der Kolumbus!" Es ist bekannt, dass es für Kolumbus nicht leicht war einen Geldgeber zu finden, der ihm diese abenteuerliche Reise ermöglichte.

Es darf außerdem absolut sicher sein, dass im 15. Jahrhundert noch niemand von einem Elevator Pitch gesprochen hat. Trotzdem ist es Kolumbus gelungen, nachdem andere, beispielsweise der portugiesische König Johann II. (1455 – 1495) ihn mit seiner Idee abblitzen ließen, Königin Isabella I. von Kastilien (1451 – 1504) zu überzeugen.

Nach viel Anstrengung und Überzeugungskraft konnte Kolumbus im Jahr 1492 stolz auf sich sein, sein vermeintliches Ziel erreicht zu haben. Wir wissen, dass er nicht bis nach Indien kam, sondern die neue Welt Amerikas entdeckte.

Sein Ziel war nicht gänzlich erreicht. Trotzdem zog diese Entdeckung bekannterweise ungeheuerliche Entwicklungen nach sich.

Die meisten Start-Uper müssen keine Königin oder keinen König von ihren Ideen überzeugen, sondern ,lediglich' einen Geldgeber oder eine Geldgeberin. Der rhetorische Aufwand mag allerdings vergleichbar sein.

Da der Mensch möglichst versucht, sich in alle Richtungen abzusichern, ist er bei Unbekanntem skeptisch. Deshalb bedarf es des relativ hohen rhetorischen (und psychologischen) Aufwands der Überzeugung.

Realist sein versus Verrückt handeln?

Wie kann jemand gleichzeitig Realist und verrückt sein? Dieser scheinbare Widerspruch ist gar keiner. Wer sich als Realist betrachtet, erkennt die Möglichkeiten, die ihm das Leben gibt. Er kann sich sehr gut von Vorgehensweisen trennen, die für ihn einfach nicht machbar sind.

Die Gesellschaft sorgt dafür, dass der Einzelne deutlich weiß, was als korrekt beziehungsweise machbar gilt. Es werden Regeln und Normen erstellt.

Zumindest in der Theorie sind diese Vorschriften und Gesetze eindeutig. Die Praxis allerdings zeigt täglich, dass Gesetze unterschiedlich gedeutet werden. Anwälte und Gerichte werden überhäuft mit Situationen, in denen es verschiedene Auslegungen der gewünschten Norm gibt.

Es gibt wohl kein ‚ein‘ richtig, sondern mehrere richtig.

Außerhalb der Norm – normal oder unnormal?

Handelt nun einer außerhalb der gesellschaftlichen Norm, verhält er sich demnach nicht mehr normal, wird schnell gesagt, der Betreffende sei unnormal oder gar anormal.

Tatsächlich, wenn es genau genommen wird, ist er lediglich von der üblichen Norm etwas abgerückt. In diesem Zusammenhang soll ‚verrückt sein‘ gesehen werden. Nicht mit dem üblichen negativen Unterton, der bei dem Wort ‚Verrücktheit‘ mitschwingt.

Die Norm ist das, was die Gesellschaft als ‚normal‘ bezeichnet. Daraus folgt: Verhält sich jemand nicht normal, verhält er sich unnormal oder anormal. Das bedeutet auch, dass er in der Gesellschaft auffällt.

Meistens wird er unangenehm auffallen, weil er sich sicher anders verhält als alle anderen.

Er wird schnell als Spinner oder als Verrückter bezeichnet. Oft kann ihn die Gesellschaft nicht verstehen. „Was will der denn? Es ging doch bisher auch so gut. Immer dieser neumodische Kram."

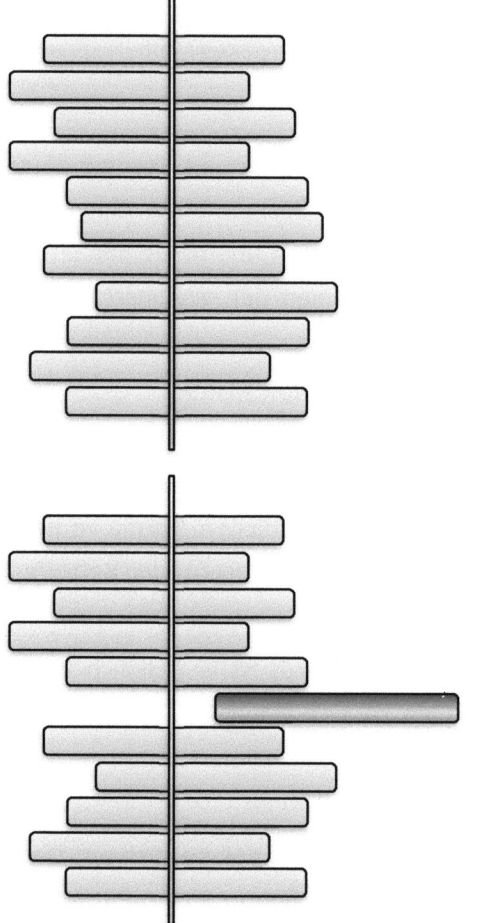

Alle bewegen sich ungefähr im gleichen Umfeld. Der senkrechte Strich ergibt die Mitte und gilt damit als Norm.

Einer ist ‚verrückt'. Er bewegt sich zwar noch mitten zwischen den anderen Menschen, entspricht aber nicht mehr der Norm.

Wer in diesem Sinne verrückt ist, hat es geschafft, über den eigenen Tellerrand hinauszuschauen. Ihm eröffnen sich ganz andere Möglichkeiten in seinen Erfahrungen, Betrachtungen und in seinem Wissen.

Neues, Unerwartetes, Fantastisches erwartet den Andersdenkenden.

Gleichzeitig wird seine Neugierde angeregt und schon treibt es ihn wieder – beim optimistisch zu bezeichnenden Verhalten – weiteres Neues kennenzulernen.

Der Appell an Sie ist demnach eindeutig: Seien Sie ein wenig verrückt. Nutzen Sie diese Möglichkeit, sich zu entfalten.

Solange Sie sich im Rahmen der Legalität bewegen, werden Sie feststellen, dass das Leben noch vielfältiger sein kann als bisher. Der Weg ins kreative Denken wird gefestigt.

Geschichten und Gesang

Das wunderbarste Märchen ist das Leben selbst.
Hans Christian Andersen, dän. Schriftsteller
(1805 - 1875)

Literarischer Vortrag und moralische Erzählungen

Klassische Vorträge, Reden und Präsentationen sind allgegenwärtig.

Zur kreativen Wissensvermittlung zählen unter anderem folgende zwei originelle Vorgehensweisen: Einmal der sogenannte Poetry Slam und zum anderen das Storytelling.

Poetry Slam

Unter einem Poetry Slam wird ein literarischer Vortragswettbewerb verstanden.

Das Wort Poetry Slam stammt aus dem Englischen. Zuerst einmal steht ‚Poetry' für ‚Dichtung, Dichtkunst', ‚Slam' bedeutet so etwas Ähnliches wie ‚jemanden schlagen, etwas hinknallen' oder besser passend ‚einen Volltreffer landen'.

Angenehmer wird die Bezeichnung Poetry Slam mit Dichterwettstreit übersetzt.

Der Vortragende, also der Dichter, wird auch als Slammer, Slampoet oder Poetryslammer bezeichnet.

Diese Vorgehensweise, jedem die Möglichkeit zu geben, seine dichterischen Fähigkeiten einem breiten Publikum kundzutun, entstand 1986 in Chicago.

Eigene, selbst kreierte Texte werden in einer vorgegebenen Zeit dem Publikum präsentiert. Die Reihenfolge ihres Auftritts wird ausgelost.

Die Vortragenden stehen untereinander im Wettbewerb. Daraus folgt, dass die Teilnehmenden einen höchstmöglichen Erfolg erzielen wollen.

Die Zuhörer bilden die (teilweise gnadenlose) Jury. Wer Pech hat, wird schon während seiner Vorstellung ausgebuht.

Der Slammer

Ein deutliches Merkmal bei einem Poetry Slam ist, dass sich der Vortragende deutlich selbst inszeniert.

Der Vortragende muss seinen Text selbst geschrieben haben, weshalb er idealerweise jedes Wort wohl überlegt gewählt hat.

Er darf weder Requisiten noch Kostüme verwenden, er darf auch keine Musik oder Musikinstrumente einsetzen.

Allerdings bleibt es ihm überlassen, ob er während des Vortrags steht, sitzt oder gar liegt. Wenn er will, darf er sich sogar auf den Kopf stellen. Er darf und soll eine kurzweilige Darstellung bieten.

Seine Stimme darf laut oder leise sein, er darf flüstern, zwischendurch aufschreien und Pausen einlegen. Die Interaktion – das ,Spiel' – mit dem Publikum ist gewünscht.

Damit alles seine Richtigkeit hat, gibt es einen sogenannten Slam Master. Er ist der Organisator und Veranstalter einer Poetry-Slam-Veranstaltung.

Storytelling

Die englische Sprache kennt das Wort Storytelling. ,Story' steht für ,Geschichte', ,to tell' steht für ,erzählen'. Beim Storytelling geht es darum, eine ,Geschichte zu erzählen'. In solch einer Geschichte sollen Werte, Moral oder Visionen vermittelt werden.

Die meisten Menschen werden sich erinnern, dass sie früher gespannt den Geschichten lauschten, die ihnen ihre Eltern oder Großeltern erzählten. Idealerweise am Abend vor dem Einschlafen, sodass die Kreativität deutlich angeregt wurde.

Oft begannen diese mit: „Es war einmal ...“

Gute Geschichten waren die, in denen sehr bildhaft geschildert wurde. Alle Sinne wurden angeregt, sodass der Zuhörer sich regelrecht in die Geschichte versetzen konnte, als wäre er selbst dabei.

Kinder finden solche Geschichten ausgesprochen spannend. Weshalb sollte das beim Erwachsenen nicht so sein? Vielleicht deshalb, weil uns bewusst ist, dass frühere Geschichten und Märchen oft erfunden waren? Trotzdem glauben Kinder und glaubten die meisten Erwachsenen damals daran und waren begeistert.

Erwachsenen-Ebene

Heben wir nun auf die Erwachsenen-Ebene ab und gehen davon aus, dass der Erzähler die Wahrheit sagt. Er stellt sie aber nicht in einer trockenen, auf Zahlen aufbauenden Präsentation dar, sondern in einer abwechslungsreichen, lebhaft geschilderten Geschichte.

Das Fachliche, das zu vermittelnde Wissen, kann somit viel leichter verstanden werden. In den klassischen Märchen gab es sehr häufig eine Moral.

Übertragen ins Geschäftliche ist diese Moral mit einer Lösung gleichzusetzen. Sozusagen wird spielerisch erzählt, wie eine Herausforderung gelöst werden kann – natürlich indem das angebotene Produkt oder die angebotene Leistung gekauft wird.

Der Erzähler redet so bildhaft und abwechslungsreich, dass der Zuhörer ihm mit voller Aufmerksamkeit an den Lippen hängt.

Dabei spielt er mit seiner Stimme, indem er sie dramatisch zum Einsatz bringt. Gestik und ausdrucksstarke Mimik dürfen selbstverständlich unterstützend auch eingesetzt werden.

Geschichte versus Märchen

Das Märchen ist absolut fiktiv. Alles ist erfunden und in der märchenhaften Theorie auch möglich. Es könnte auch gesagt werden, dass im Märchen Lügen erzählt werden.

Die Geschichte hingegen soll einen ‚wahren' Kern haben. Hier darf das Ziel nicht sein, von Lügen zu reden. Obwohl dem Zuhörer klar ist, dass hier ‚kreativ' vorgegangen wird, kommt er nicht auf die Idee von einer Lüge zu reden.

Vortrag versus Geschichte

Es lassen sich zwei Varianten der Darstellung erkennen.

In der ersten Variante finden Sie den klassischen Fachvortrag. Dieser ist logisch aufgebaut und wird rational mithilfe von Fakten und Daten vermittelt. Nüchterne Informationen werden gegeben.

Achtung: Schnell kann hier Langeweile entstehen, wenn der Präsentierende es nicht schafft, trotz aller Nüchternheit etwas bildhaft zu vermitteln.

In der zweiten Variante finden Sie die Geschichte. Erzähler und Zuhörer bewegen sich hier auf der emotionalen Ebene.

Eine lebendige Geschichte schafft Aufmerksamkeit und bindet den Zuhörer. Deutliche Gestik, Mimik und Betonung helfen, die Geschichte optimal zu erzählen.

Darstellung der Geschichte

Es gibt zwei Möglichkeiten, eine Geschichte darzustellen. Entweder ist sie authentisch, das heißt real, wirklich geschehen, oder sie ist konstruiert, das heißt erfunden.

Geschichten haben die fantastische Eigenschaft, Realität und Fiktion verschwimmen zu lassen. Sie machen Produkte lebendig und lassen Protagonisten menschlich werden.

Fachliche und komplexe Zusammenhänge werden vereinfacht und mit unterstützenden Beispielen dargestellt und verständlich gemacht.

Spannungsvoller Aufbau einer Geschichte

Drei Merkmale sind in Geschichten deutlich erkennbar.

Erstens: Es gibt meist eine Hauptperson, die mit anderen zu tun hat. Diese Hauptperson tritt in der Regel positiv und sympathisch auf. Die Zuhörer mögen sie. Die Mitwirkenden in der Geschichte werden oft als Protagonisten bezeichnet.

Zweitens: Es gibt einen zu überwindenden Konflikt beziehungsweise ein unerwartetes Problem oder eine ungewöhnliche Herausforderung. Der Protagonist muss diese Situation bewältigen.

Drittens: Es wird ein Lösungsweg und damit ein Ziel aufgezeigt, das es anzustreben gilt. Das bedeutet, dass in der Geschichte eine Entwicklung zu beobachten ist. Es gibt eine Ausgangssituation (vorher) und eine Abschlusssituation (nachher). Vorher/Nachher stellt den Lösungsweg dar.

Ergänzend sei erwähnt, dass es einen Höhepunkt geben darf. Dieser mündet meist in ein Fazit beziehungsweise in eine Moral oder gegebenenfalls auch in einen Appell.

Ziele einer Geschichte

Eine ganze Menge Ziele können in einer Geschichte vermittelt werden. Beispielsweise:

- Wissen, Erfahrungen, Lebenserfahrungen werden geteilt und vermittelt.

- Traditionen, Normen und Werte werden dargestellt.

- Die Unternehmensphilosophie beziehungsweise die Unternehmenskultur wird spielerisch vermittelt.

- Denkprozesse beim Zuhörer werden eingeleitet.

- Motivation wird angeregt.

- Es werden Erwartungshaltungen aufgezeigt.

- Ebenso können mögliche gewünschte Verhaltensveränderungen dargestellt werden.

- Menschliche Schwächen oder Schwächen in der Produktion beziehungsweise dem kollegialen Zusammensein können aufgezeigt und entlarvt werden.

- Bisherige Vorgehensweisen können infrage gestellt werden.

- Es wird gezeigt, dass es sich lohnt mutig zu sein und oder ein Risiko einzugehen.

Das sind selbstverständlich alles nur Beispiele, wozu das Erzählen einer Geschichte eingesetzt werden kann. Trotz allem gilt die Empfehlung, immer sauber und fair den Zuhörern (zum Beispiel den Mitarbeitern) gegenüber zu sein.

Versteckter oder offener Tadel gehört nicht hierher. Schließlich sollen die Zuhörer von der Geschichte begeistert sein, damit sie motiviert das Erlernte umsetzen können.

Gestaltung von Geschichten

Am besten kommen Geschichten an, wenn sie in relativ einfacher Art präsentiert werden. Dadurch werden sie verständlich und können gut gemerkt werden.

Eine gute Geschichte lässt die Zuhörer zuhören und miterleben. Eine direkte Interaktion ist denkbar, muss aber nicht zwangsläufig geschehen.

Spätestens dann, wenn die Geschichte beendet ist, soll ein Austausch erfolgen. Die Zuhörer müssen und sollen sich austauschen dürfen. Sie sollen nachfragen können, um das Gehörte besser verarbeiten zu können.

Emotionale Berührung

Das ist in der Regel auch notwendig, da die Geschichte durch die bildhafte Beschreibung emotionalisiert und emotional stark berühren kann.

Ängste können geschürt werden; es darf der Hauptperson mitgefiebert werden, sodass am Ende ein befreiendes Aufatmen erfolgt, wenn das Ziel erreicht wurde.

Je begeisterter die Zuhörer sind, desto eher kann das Feuer überspringen. Noch Tage später wird an anderer Stelle über die Geschichte berichtet beziehungsweise diese weitererzählt.

Hier offenbart sich eine gute Werbemöglichkeit für das vorgestellte Produkt oder die dargestellte Idee.

Emotionale Bindung

Außerdem entsteht eine Art emotionaler Bindung zwischen Zuhörer und Sprecher.

Da der Erzähler seine Idee vermitteln will, erfolgt die Verknüpfung zwischen Zuhörer (Kunden beziehungsweise Geldgeber) und Erzähler (Start-Uper).

Eine positive Atmosphäre wird geschaffen, die den Weg für zukünftiges Zusammensein ebnet.

Falls Zuschauer in die Geschichte eingebunden werden, dann nur als mitspielende, sympathische Figuren.

Sofern diese nicht als ‚Feinde' zu betrachten sind, sind sie ebenso harmonisch und positiv wie die Hauptfigur dargestellt.

Sollte es sich um einen Feind handeln, sollte es keiner der Zuschauer sein. Das wäre peinlich und sehr entwürdigend für ihn.

Kritik über solch eine Vorgehensweise zu übermitteln ist ausgesprochen unfair.

Der geheimnisvolle Erzähler

Der Erzähler spricht frei. Er braucht keine Spickzettel, da er ja eine ‚Geschichte' erzählt, die er entweder selbst erlebte oder die ihm wiederum jemand erzählt hat (zumindest wird es so dargestellt, denn das ist ja nun mal der Sinn einer Geschichte).

Falls eine Unterlage bevorzugt wird (weil das Märchen vorgelesen werden soll), könnte ein (gegebenenfalls überproportional großes) Märchenbuch zum Einsatz kommen.

Eine Geschichte kann in einer Rede, einer Präsentation, einem Lied, einem Video oder an anderer Stelle eingefügt werden. Sie kann aber auch als eigenständiges Kommunikations-Medium verwendet werden.

Die Geschichte wird in der Vergangenheitsform erzählt.

Der begeisterte Zuhörer

Es ist bekannt, dass die menschliche Aufmerksamkeit zeitlich begrenzt ist. Bei klassischen Präsentationen und Vorträgen ist immer wieder zu sehen, wie Zuhörer verzweifelt gegen ihre Müdigkeit ankämpfen.

Anders ist es bei Geschichten. Durch die Art des Erzählens bleibt der Zuhörer aufmerksam und gebunden. Der Zuhörer fühlt sich unterhalten, bewegt sich in einer stressfreien Situation und ist gespannt auf den Verlauf der Geschichte.

Die Geschichte fordert und fördert Kreativität beim Zuhörer. Er entwickelt eine deutliche Vorstellungskraft zum Geschehen und seine Emotionalität wird deutlich eingebunden.

So gelangt er spielerisch in die Thematik. Es kann ein gedanklicher Transfer auf das Berufliche gezogen werden.

Fabel

Im Unterschied zu einer Geschichte treten in der Fabel überwiegend Tiere auf, manchmal Fabelwesen und Pflanzen beziehungsweise Mischwesen und seltener Menschen. Die Tiere sprechen wie Menschen und zeigen überdeutlich das Verhaltensmuster von Menschen auf.

In der Fabel werden deutliche Stereotypen dargestellt. So wird beispielsweise der Fuchs als schlaues Wesen gesehen, der Esel hingegen als einfältig.

Die Geschichte lässt sich als belehrende Erzählung deuten. Im Gegensatz zu einer Geschichte ist eine Fabel nicht ortsgebunden.

Das Wort Fabel geht auf das lateinische Wort ‚fabula‘ zurück, was interessanterweise wieder mit ‚Geschichte‘ übersetzt werden kann.

Teil 5 – Überzeugen und Einwände abschmettern

Überzeugen und (er-)klären

„Wie kann ich den anderen überzeugen?"

Ein Mann mit einer Überzeugung ist stärker als 99 Leute mit Interessen.
John Stuart Mill, brit. Philosoph
(1806 - 1873)

Eine wechselseitige Bindung eingehen

Das Wort ‚zeugen' kommt von ‚Zeugnis ablegen, als Zeuge aussagen'. Es wird etwas, was der Wahrheit entspricht, bekanntgegeben.

‚Überzeugen' bedeutet, jemanden durch eingebrachte (wahre) Beweismittel zur Akzeptanz einer Idee beziehungsweise zu einer Zusage zu bringen. Im Fall eines Start-Upers handelte es sich um die finanzielle Unterstützung eines Geldgebers.

Die Bundeszentrale für politische Bildung beschreibt Überzeugung wie folgt: „Überzeugung ... bezeichnet das Bemühen, andere dazu zu bewegen, sich einer vorgegebenen Meinung oder Absicht anzuschließen (Überzeugungs-Arbeit)."

Es ist also eine Überzeugungs-Arbeit leisten, um das Gegenüber entsprechend aktiv werden zu lassen.

Überzeugung lebt von vertrauensvoller Gegenseitigkeit. Es muss eine Wechselwirkung zwischen Niklas/Franziska und dem Geldgeber entstehen.

Hier ein Beispiel der Wechselbezüglichkeit: ICH habe die Idee. DU hast das Geld. WIR haben zusammen den Erfolg.

Teil 5 – Überzeugen und Einwände abschmettern

Der berufliche Erfolg hängt direkt von dieser Reziprozität (Wechselwirkung) ab. Neben dem Produkt oder der Dienstleistung ist gegenseitiges Vertrauen mehr oder weniger bedingungslos erforderlich.

Immerhin soll eine Bindung eingegangen werden, die gewisse Verpflichtungen beinhaltet. Also muss nicht nur vertrauensvoll, sondern auch ehrlich miteinander umgegangen werden. Authentisches, selbstbewusstes (nicht aggressives!) und höfliches Auftreten helfen beim Aufbau einer ‚fruchtbaren' Bindung.

Überzeugen und begeistern

Bringen Sie alle bisherigen Überlegungen zusammen. Ihre eigene Einstellung, der Glaube an Ihre Idee ist mit Sicherheit schon die Hälfte der Überzeugungsarbeit. Wer an sich selbst und seine Ideen glaubt, strahlt eine beeinflussende und beneidenswerte Kraft aus, die sich auf den Gesprächspartner überträgt.

Der Vortrag oder das Gespräch selbst stellt dann sozusagen die andere Hälfte der Überzeugungsarbeit dar. Erst beide Hälften zusammengenommen ergeben das Ganze.

Im Umkehrschluss bedeutet das, wer Zweifel an seiner eigenen Idee hat, kann überhaupt nicht überzeugend auftreten. Es wird ihm nicht gelingen, den potentiellen Geldgeber zu überzeugen.

Zweifel beseitigen und positiv denken

Fangen Sie bei sich selbst an. Fegen Sie alle Zweifel zur Seite und betrachten Sie die Entwicklung Ihrer Idee einerseits realistisch, andererseits visionär.

Sehen Sie das Ergebnis bereits greifbar vor sich. Begeben Sie sich anschließend gut vorbereitet und gut gelaunt in das Verkaufsgespräch.

Sie haben nichts zu verlieren – Sie können nur gewinnen.

Um es einmal bildhaft auszudrücken: Die Geldtresore sollten sich problemlos für Sie öffnen.

Kritische Einwände entwaffnen

Zweifelsohne sind Sie überzeugt von Ihrem Produkt beziehungsweise Ihrer innovativen Idee, die Sie dem Geldgeber präsentieren. Gut gelaunt und motiviert treffen Sie zum Gespräch ein und legen los.

Geduldig hört Ihr Gesprächspartner zu. Plötzlich – gemeint ist, für Sie unerwartet – stellt er Ihnen eine Frage. Die Frage klingt in Ihren Ohren kritisch.

Jetzt nicht falsch reagieren! Seien Sie nicht eingeschnappt oder werden ärgerlich, weil Sie annehmen, dass der andere Sie nicht versteht. Oder Sie vielleicht sogar meinen, der andere wollte Ihre Idee kaputtmachen.

Natürlich lässt sich nicht ausschließen, dass es Situationen gibt, in denen beispielsweise aufgrund gegenseitiger Antipathie eine ‚kritische‘ Stimmung entstehen kann. Höchstwahrscheinlich wird es dann auch nicht zu einem gemeinsamen Abschluss kommen. Das lässt sich als Ausnahme hinstellen. Weshalb?

Win-Win-Strategie

Nun, Ihr Gegenüber will ja sein Geld investieren. Sie müssen sich deshalb nicht als Bittsteller betrachten. Heben Sie sich beide auf eine Win-Win-Ebene. Sie haben die Idee, der andere hat das Geld. Sie sind ein Gewinner.

Sie profitieren beide voneinander. Anders ausgedrückt: Sie sind zusammengekommen, um solch eine Win-Win-Strategie aufzubauen. Denken Sie positiv.

Rückfragen sind korrekt und erwünscht

Rückfragen, auch wenn sie kritisch erscheinen, sind deshalb selbstverständlich absolut korrekt – und sollten erwartet werden.

Jeder, demnach auch Ihr potentieller Geldgeber, hat das Recht, um nicht zu sagen die Pflicht, sich genau zu informieren, was Sie bieten können. Er will sein Geld schließlich gewinnbringend investieren.

Betrachten Sie Einwände deswegen positiv. Sehen Sie sie als Möglichkeit, Ihre Ideen präziser oder aus einem anderen Blickwinkel darzustellen.

Genau genommen gibt die Rückfrage Ihnen die Möglichkeit, bereits Erwähntes mit anderen Worten zu wiederholen.

Betrachten Sie die Situation als Chance und nutzen Sie diese.

Reaktion auf Rückfragen

Eine – kritische – Rückfrage wird gestellt. Als erstes gilt, dass Sie ruhig bleiben.

Antworten Sie nicht sofort und unüberlegt, denn in dieser kleinen stressigen Situation kann es sein, dass Sie sich unklug verhalten oder etwas Falsches sagen.

Nonverbale Zustimmung signalisieren

Schauen Sie Ihren Gesprächspartner an. Nehmen Sie deutlich Blickkontakt auf. Das signalisiert Stärke und Sicherheit.

Sollten Sie den Blickkontakt meiden, gar nach unten schauen und den Kopf senken, geben Sie körpersprachlich negative oder schwache Signale ab so, als hätten Sie etwas zu verbergen oder es wäre Ihnen unangenehm, über das angesprochene Thema zu sprechen.

Geschickte Gesprächspartner signalisieren erst einmal nonverbale Zustimmung zur gestellten Frage. Beispielsweise nicken Sie oder lächeln den Gesprächspartner an. Diese Vorgehensweise kann als psychologischer Trick bezeichnet werden.

Da Ihr Gesprächspartner diese Zustimmung spürt, fühlt er sich nicht angegriffen. Seine – möglicherweise kritische, wachsame – Aufmerksamkeit lässt sofort nach, da er glaubt, von Ihrer Seite keinen Angriff fürchten zu müssen. Die Situation bleibt angenehm und positiv.

Verbale Zustimmung aussprechen

Alles bisher Geschehene lief ohne das ausgesprochene Wort. Sie befinden sich in der nicht gesprochenen, der nonverbalen Kommunikation. Nun wechseln Sie in den verbalen Bereich.

Antworten Sie in kurzen Sätzen. Die lassen sich schneller formulieren als lange mit Nebensätzen gespickten Ausführungen. Viele sagen nun: „Ja, aber …" Das ‚Ja' drückt die Zustimmung aus, ist demnach positiv zu bewerten. Schon folgt eine Einschränkung in Form von ‚aber'.

Rechtfertigungen vermeiden

Dummerweise folgt nun sehr oft eine Rechtfertigung. Die Rechtfertigung selbst öffnet sofort erneut die Möglichkeit, eine kritische Rückfrage zu stellen.

Nehmen Sie diese Argumentationsstrategie ein, befinden Sie sich auf einem Verlierer-Weg.

Sie kommen immer mehr von Ihrem Gedanken und Roten Faden ab und verzetteln sich in Kleinigkeiten.

Deshalb ist es besser zu antworten: „Ja, und deshalb …" Im Gegensatz zum oben geäußerten ‚aber' folgt hier ein ‚deshalb'.

Dieses Wort läutet eine Erklärung ein. Eine Erklärung ist etwas anderes als eine Rechtfertigung. Sie sind nicht auf dem Verlierer–Weg, sondern auf dem Gewinner-Pfad. Nur deshalb, weil sie ein Wort gegen ein anderes austauschen.

Vergleichbar verhält es sich mit einer Antwort wie: „Das ist ein interessanter Aspekt, aber …" Besser: „Das ist ein interessanter Aspekt, und deswegen …"

Nicht so schnell sprechen, dafür aktiv zuhören und auf die Reaktion des Zuhörers achten.

Unklarheiten klären – Den Gesprächspartner wirklich verstehen

Sollten Sie eine Rückfrage oder einen Einwand nicht verstehen oder nicht wissen, was tatsächlich gefragt ist, scheuen Sie nicht um Klärung zu bitten. Beispielsweise: „Ja. Was verstehen Sie unter …?" Passen Sie dabei auf, dass Ihre Stimme nicht aggressiv wirkt.

Unterliegt Ihr Gesprächspartner einem Irrtum, heben Sie diesen hervor, suchen aber gleichzeitig nach Gemeinsamkeiten. Schließlich wollen Sie einander verstehen und miteinander, nicht aber gegeneinander, arbeiten.

Versetzen Sie sich während des Dialogs immer wieder in die Lage des Gesprächspartners. Nehmen Sie aktiv wahr. Worum geht es Ihrem Gegenüber? Was interessiert ihn besonders? Wozu zeigt er Unsicherheiten? Wobei können Sie ihm helfen?

Einwänden begegnen

Es gibt viele rhetorische Möglichkeiten, Einwänden professionell zu begegnen. Einige davon sollen hier aufgezeigt werden.

Nicht jede Methode passt immer und überall. Deshalb wird empfohlen, sich drei oder vier Varianten heraussuchen, mit denen Sie gut umgehen können.

Je nach Gesprächssituation setzen Sie dann eher die eine oder die andere Methode ein; auch hier empfiehlt es sich natürlich, im Vorfeld mit Freunden während eines harmlosen Übungsgesprächs die Einwand-Methoden zu trainieren.

Rückfrage-Methode

Eine Möglichkeit ist die Rückfrage-Methode. Sie wird eingesetzt, um Zeit zu gewinnen. Zeit, die Sie sich wünschen, um eine vernünftige Antwort zu formulieren. „Ich habe verstanden, dass Sie mich fragen, …" Wiederholen Sie die gestellte Frage mit Ihren eigenen Wörtern.

Rückstell-Methode

Nicht ganz so professionell in einem Elevator Pitch erscheint die Rückstell-Methode. „Das beantworte ich Ihnen gerne nachher."

In einer klassischen Präsentation mag das möglich sein, wobei das Risiko besteht, dass nachher nicht mehr an die Beantwortung der gestellten Frage gedacht wird. Bei direkten Gesprächen sollte möglichst sofort geantwortet werden.

Würde die Antwort Ihre Struktur zerstören, können Sie die Rückstell-Methode einsetzen. Geben Sie am besten eine kurze Erklärung, weshalb Sie erst später auf die Frage eingehen werden.

Vorwegnahme-Methode

Genial kann die Vorwegnahme-Methode sein. Sie ahnen bereits, dass Ihrem Gesprächspartner eine Rückfrage auf der Zungenspitze liegt.

Teil 5 – Überzeugen und Einwände abschmettern

Bevor er diese ausspricht, sagen Sie: „Sie mögen annehmen, dass ..."

Wenn Sie gut aufgepasst haben und Ihren Gesprächspartner immer gut beobachteten, kann Ihre Trefferquote hier sehr hoch liegen. Durch Ihre jetzt gemachte Aussage signalisieren Sie Mitdenken. Sie zeigen Gemeinsamkeiten mit Ihrem Gegenüber. Das ist gut.

Vorteil-Nachteil-Methode

Bekanntlich hat jede Münze zwei Seiten. Gäbe es ausschließlich Vorteile zu Ihrer Idee, bewegten Sie sich im Rahmen der Genialität. Das ist nicht auszuschließen, dürfte aber eher die deutliche Ausnahme sein.

Gehen Sie deshalb vom Üblichen aus, dass es bei jedem Projekt Vor- und Nachteile geben kann beziehungsweise geben muss. Bevor Sie auf Nachteile angesprochen werden, räumen Sie diese bereits in Ihrer Präsentation ein.

Allerdings heben Sie die Vorteile deutlich hervor. „Der Nachteil dabei ist, ..., der Vorteil hingegen überwiegt ..."

Dadurch, dass Sie selbst die Nachteile angesprochen haben, nötigen Sie Ihr Gegenüber nicht, dies zu tun. Sie garantieren hiermit weitere Harmonie.

Bumerang-Methode

Die Aborigines in Australien machen es uns vor. Sie werfen einen Bumerang in die Ferne und dieser kommt in einem großen Bogen zu ihnen zurück.

Vergleichbares lässt sich in der Rhetorik darstellen. Mit dieser Bumerang-Methode gelingt es Ihnen, einen angeblichen Nachteil in einen Vorteil umzuwandeln.

Beispielsweise wirft Ihr Gesprächspartner ein: „Ich will kein Geld unnütz in eine sinnlose Aktion vergeuden." Sie antworten: „Gerade, weil wir/Sie kein Geld unnütz vergeuden wollen, werden ..."

Isolierungs-Methode

Sollte sich tatsächlich ein unerwartetes Hindernis ergeben, das so in dieser Form gedanklich noch nicht gelöst ist, dürfen Ihre Ideen an diesem einen Fall nicht scheitern. Isolieren Sie dieses Hindernis.

Sagen Sie: „Angenommen, dieses Hindernis gäbe es nicht, dann könnten wir ..." Oder: „Lassen wir in diesem Augenblick einmal das Hindernis außen vor. Betrachten wir lieber ..."

Das Wort Hindernis ersetzen Sie durch das Wort, welches das Hindernis darstellt.

Divisions-Methode

Abschließend sollen noch zwei Methoden genannt werden, wie mithilfe der Statistik beziehungsweise der Mathematik Zahlen klein – oder wenn gewünscht groß – gerechnet werden können.

Bei der Divisions-Methode gehen Sie wie folgt vor. Die Angabe wird durch eine Menge oder Gruppe dividiert. „10.000? Bei 80 Millionen Deutschen sind das gerade mal 0,000125 %."

Aus der hochwirkenden Zahl 10.000 wird nun eine unglaublich kleine Prozentzahl, die kaum fassbar ist.

Multiplikations-Methode

Die Multiplikations-Methode geht genau umgekehrt zur Divisions-Methode vor.

Teil 5 – Überzeugen und Einwände abschmettern

Eine Angabe wird mit einer Menge oder Gruppe multipliziert: „Jeder fünfte? Bei einer Einwohnerzahl in Köln von knapp einer Million sind das bereits 200.000 Menschen!"

Aus der kleinen Zahl 5 wird plötzlich eine immense Angabe von 200.000.

Es versteht sich, dass bei den letzten beiden Methoden zwar nicht gelogen wurde, aber durch die Art der Darstellung eine kleine Manipulation vorliegt.

Einvernehmlicher Abschluss

Vergessen Sie nicht Ihr Ziel, das Gespräch, trotz aller Einwände, harmonisch zu beenden.

Selbst wenn in diesem Fall die finanzielle Zuwendung nicht erreicht wird, wissen Sie nicht, wann und wo Sie Ihren Gesprächspartner wiedertreffen werden.

Gehen Sie deshalb nicht als Feinde, sondern als Freunde auseinander. Wer weiß, vielleicht ergibt sich zu einem späteren Zeitpunkt an einem anderen Ort eine Möglichkeit der Zusammenarbeit.

„Wie kann ich online überzeugen?"

Aus der Ferne überzeugen

Der oben zitierte Epikur von Samos bezieht sich auf den Weisen. Übertragen in die heutige Zeit ist damit derjenige gemeint, der eine blendende Idee hat und ‚weiß', dass die Umsetzung Erfolg bringen wird.

Ohne in die Zukunft schauen zu können, ist er sozusagen ein Wissender. Er ist von seiner Idee ‚vollstens' überzeugt, um eine Vokabel aus der Zeugnissprache zu verwenden (die Eigenschaft ‚voll' kann nicht gesteigert werden; als Bewertung in einem Zeugnis aber sehr wohl).

Online-Kommunikation

Spätestens mit Beginn der Corona-Pandemie im Frühjahr 2020 ist der verstärkte Einsatz der Online-Kommunikation sprunghaft nach oben geschossen.

In kürzester Zeit mussten/durften sich unzählige Menschen damit befassen, sich mithilfe der digitalen Kommunikationsplattformen auszutauschen.

Wie sieht es bei einem Pitch aus, der von der Stimmung im Raum, von der Interaktion und der positiv prickelnden Atmosphäre lebt? Ist solch eine Aktion vernünftig übertragbar via Online-Austausch?

Nun, natürlich ist der Live-Kontakt in Form der lebhaften Präsentation schwierig nachzustellen beziehungsweise kaum zu übertreffen.

Klar, die Zeit für An- und Abfahrt zum/vom Veranstaltungsort entfällt. Diejenigen, die länderübergreifend präsentieren wollen, freuen sich.

Teil 5 – Überzeugen und Einwände abschmettern

Alle anderen, die aktiv werden wollen, müssen entsprechend umplanen, um auch über dem virtuellen Weg die Geldgeber zu überzeugen.

Der kontaktlose Pitch soll deshalb mindestens genauso gut vorbereitet sein, wie der vor Ort durchgeführte. Was neu hinzukommt, ist der Einsatz der Technik und das häusliche ‚Drumherum‘.

Hintergrund des Online-Arbeitsplatzes verwischen

Der Start-Uper bereitet seinen Online-Auftritt bei einem potentiellen Geldgeber vor. Nehmen wir an, Niklas wäre mit dieser Aufgabe betraut.

Er überlegt, aus welchem Raum er die Übertragung starten soll. Greift er auf einen Privatraum zurück, finden sich allerlei Gegenstände wie Möbel, Fotos, Dekoration und andere im Kamerabild. Sollen diese Dinge zu sehen sein?

Schließlich lassen sich Rückschlüsse auf Niklas und auf Niklas‘ Leben ziehen und bilden beim Gegenüber einen Eindruck von ihm.

Passt der Eindruck zum Wunsch des vermittelten Bildes, zum vorgestellten Produkt beziehungsweise zur angebotenen Leistung?

Einige Kommunikations-Programme bieten an, den Hintergrund des Raums zu ‚verwischen‘ beziehungsweise ‚weichzuzeichnen‘, sodass Details im Raum, sowie räumliche Gegebenheiten nicht mehr oder nicht mehr deutlich zu erkennen sind.

Recht leicht lässt sich ein eigenes Hintergrundbild mit klassischem Präsentations-Programm erstellen. Dieses kann anschließend auf der Plattform hochgeladen werden.

Das Sichtbare auf dem Hintergrundbild darf nicht ablenken. Besser einfarbig hell oder weiß gestaltet mit eingefügtem Unternehmenslogo, sofern es eines gibt.

Achtung: Es ist möglich, dass bei einem Pitch-Wettbewerb der Hintergrund vorgegeben ist, um Beeinflussung aufgrund der möglichen Gestaltung zu vermeiden.

Oft muss ein Logo oder ein Schriftzug vor dem Hochladen gespiegelt werden, damit es später ‚richtig herum' angezeigt wird. Am besten vorher ausprobieren.

Stockende oder flimmernde Übertragung

Hintergrundbilder verbrauchen zusätzliche Rechenleistung.

Liegt gleichzeitig eine schwache Übertragungsleistung vor, kann es zum ungewollten Ruckeln des Bildes kommen, zu Aussetzungen beim Gesprochenen (manche Wörter oder Sätze werden nicht übertragen). Großes Pech: Das komplette Zusammenbrechen der Übertragung.

Je nach System und Leistung zittert oder verwischt die Übertragung zwischen Kopf und Hintergrund. Bei der Bewegung des Kopfes oder des Oberkörpers kann es dann zu ungewollten und unschönen Übertragungs-Irritationen kommen.

Manchmal öffnet sich bei schnellen Bewegungen kurzfristig seitlich des Halses oder am Kopf ein ‚Fenster', das den realen Hintergrund des Raums offenbart. Gerade das sollte vermieden werden.

Hin und wieder entsteht auch ein mysteriöser Schatten hinter dem Start-Uper, der sich bei Körperbewegungen mitbewegt.

Also gut überlegen, ob – und wenn ja welches – Hintergrundbild zu wählen ist.

Ein ‚gutes' Bild abgeben

Niklas legt auch bei einer Teleübertragung Wert auf ein dem wichtigen Anlass entsprechendes, ein professionelles Outfit.

Teil 5 – Überzeugen und Einwände abschmettern

Ob Jogginganzug, Freizeitkleidung oder ‚Schlabberlook' tatsächlich für einen Pitch passen?

Klassischerweise würde Niklas auf der Bühne oder im Raum stehen und sich höchstwahrscheinlich sogar bewegen.

Wie sieht das Zuhause vor der Kamera aus? Nun, viele lassen sich sitzend übertragen, manche gehen auf Abstand zur Kamera, um im Stehen gefilmt und übertragen zu werden.

Falls Niklas sitzen wollte, nimmt er eine aufrechte, offene Sitzhaltung ein.

Der körpersprachliche Ausdruck ist immens wichtig, gerade bei einem typischen ausgeschnittenen Kamerabild.

Niklas positioniert sich so, dass er ungefähr in der Mitte des Bildes gezeigt wird, mit kleinem Abstand oberhalb des Kopfes zum Bild-/Monitorrand.

Er achtet auf einen freundlichen Gesichtsausdruck und hält Blickkontakt direkt (!) in die Kamera. Je nach Aufbau der Kamera wird er von oben gefilmt oder von unten – was unangenehm beim Betrachter ankommt.

Der Zuschauer will das Gefühl haben, durch einen direkten Blick angesprochen zu werden.

Das Headset ist aufgeladen, der Raum (und das Gesicht) sind gut ausgeleuchtet, alle anderen benötigten technischen Hilfsmittel sind richtig angebracht und korrekt ausgepegelt.

Stehend und bewegend vor der Kamera

Steht Niklas vor der Kamera, kann er einen viel lebhafteren Eindruck hinterlassen. Seine Körpersprache wird sichtbarer, mehr Bewegung ist möglich.

Passende Gestik kann eingesetzt werden, um sozusagen ‚mit dem kompletten Körper‘ zu sprechen.

Niklas checkt vorher ab, ob sein Mikrofon auf Distanz gut aufnimmt oder ob er lieber mit einem Bluetooth-Headset arbeiten will.

Auch hier ist eine Probe vor laufender Kamera zu empfehlen und die Aufzeichnung anschließend kritisch zu analysieren. Niklas ist bereit.

Er wirft einen letzten, lächelnden Blick in den Spiegel – und schon kann es mit der Übertragung losgehen.

Vorbereitung auf den Pitch

Um Ablenkung zu vermeiden, schaltet Niklas sein Smartphone aus.

Er loggt sich wenige Minuten vor dem festgesetzten Beginn des vereinbarten Termins ein – oder er wird eingeladen.

Durch gegenseitige Wertschätzung und zeitgemäße Umgangsformen tragen Niklas und die anderen virtuell Anwesenden dazu bei, eine positive und angenehme Atmosphäre zu erzeugen.

Gegenseitige Begrüßung, Verabschiedung und das Anreden mit Namen gehören dazu.

Zu zweit in der Präsentation

Franziska und Niklas wollen zu zweit an einem Online-Pitch teilnehmen.

Sie sitzen nebeneinander vor einer Kamera. Niklas lehnt sich leicht zurück – Schwupps ist er im Hintergrundbild verschwunden, ‚verwischt‘. Hier arbeitet die Technik offensichtlich zu genau. Deshalb müssen Franziska und Niklas sich gut absprechen, wie sie nebeneinander beziehungsweise miteinander agieren, sollten sie mit einem Hintergrundbild arbeiten.

Niklas und Franziska würden sich sowieso dazu entscheiden, einen kleineren Tagungsraum anzumieten, in dem genügend Platz ist, um im Stehen und ohne künstlichen Hintergrund arbeiten zu können.

So könnten sie auch miteinander agieren, einen Dialog oder ein kleines Rollenspiel einfügen.

Sollten Franziska und Niklas von zwei getrennten Orten aus zusammen online präsentieren wollen, benötigen Sie ein Chat-Programm, in dem sie beide zeitgleich aktiv werden und gesehen werden können.

Bei dieser Art der Umsetzung ist die vorherige genaue Absprache des Vorgehens noch wichtiger. Niklas und Franziska haben entschieden, beide zu stehen und beide eine vergleichbare räumliche Situation herzustellen.

Eingeschränkte Kommunikation in der digitalen Veranstaltung?

Das professionelle Arbeiten über Distanz mit einem der bekannten Chat-Programmen zeigt bei aller technischen Raffinesse eine erhöhte Anforderung an Franziska und Niklas.

Vieles, was bei klassischen Veranstaltungen im selben Raum ‚so nebenbei' registriert wird, kann in der digitalen Welt nicht erfasst werden. Unauffällige Signale zwischen einander zu einer gerade laufenden Aktion sind deutlich eingeschränkt.

Die sensible Mimik und unterstützende Gestik, als Teil der aussagekräftigen Körpersprache, wird stark reduziert beziehungsweise ist auf dem übertragenen Monitorbild nicht gut sichtbar oder wird von der Kamera gar nicht erfasst.

Interaktion, Zurufe, Applaus, Gelächter, verbale und nonverbale Unterstützung des Präsentierenden entfallen.

Die gefühlte Atmosphäre, tja die komplette Stimmung und anderes mehr, lassen sich in Online-Veranstaltungen fast gar nicht mehr wahrnehmen.

Franziska und Niklas, die rhetorisch geschickt ihre Stimme einsetzen, kurze Sprechpausen gezielt platzieren, mit der Reaktion der Zuschauer ‚spielen', werden diese (manchmal bewusst manipulierenden) Möglichkeiten im Digitalen eingeschränkt sehen.

Auch der direkte Einbezug durch einen konkret und absichtlich gelenkten Blickkontakt zu bestimmten Personen im Raum ist nicht mehr möglich, da üblicherweise in Richtung Kamera gesprochen wird.

Es kann sogar sein, dass nicht bekannt ist, welcher Gesprächspartner an welcher Stelle und neben wem sitzt. Möglicherweise sind die Geldgeber und anderen Anwesenden auch online zugeschaltet.

Noch etwas: Wendet sich in der realen Pitch-Veranstaltung Franziska oder Niklas direkt an einen Zuhörer, ist im Kamerabild nicht zu sehen, wem sie/er sich zuwendet.

Die unterstützende Körpersprache sichtbar machen

Franziska und Niklas gestikulieren gezielt dort, wo es passt. Beide setzen Deute-Gesten ein und unterstreichen (und bekräftigen dadurch mit der nicht-gesprochenen Körpersprache das gesprochene Wort.

Auf der Bühne oder im Raum bewegen sich Niklas und Franziska gezielt hin und wieder, sodass die Zuhörer immer erneut eine unterschiedliche Perspektive erhalten. So bleibt die Aufmerksamkeit gewährleistet.

Bei einer Kameraübertragung, die immer nur den gleichen Ausschnitt des Sprechenden zeigt, kann sich beim Zuschauer schnell Müdigkeit oder ein Aufmerksamkeits-Defizit einstellen. Gerade dann, wenn dieser auch vor einem Monitor sitzt.

„Stellen Sie sich mal vor ...“

Private Verkaufssender arbeiten erfolgreich teilweise rund um die Uhr mit dieser raffinierten ‚Manipulation‘. Weshalb sollte ein Redner vor vergleichbarer Vorgehensweise zurückschrecken?

Im Gegenteil. Je mehr Sinne beim Zuschauenden angeregt werden, desto besser wird der Redner verstanden.

Da üblicherweise die dargestellten Verkaufsschritte verbal begleitet werden, hilft manchmal ein rhetorischer Trick.

Der Redner forderte die Zuhörer auf: „Stellen Sie sich vor, Sie ...“ In diesem Augenblick konzentriert sich das Gehirn auf seine emotionalen, kreativen Wahrnehmungen, während es gleichzeitig die rational arbeitenden Gehirnzellen in den Hintergrund stellt.

Mit dem Einsatz und dem Anregen der fünf Sinne wird beim Zuschauer entsprechend wahrgenommen und das Mitgeteilte viel leichter verstanden.

Die Online-Arbeit freut sich umso mehr über solch eine Umsetzung.

Geschafft! – Gratulation für Franziska und Niklas

Franziska und Niklas haben es geschafft. Sie konnten einen seriösen Geldgeber ‚ins Boot holen‘. So konnten sie ihre Idee zügig umsetzen und erfolgreich am Markt platzieren.

Beide sind froh, sich für ihre Pitch-Aktion ausgezeichnet vorbereitet zu haben. Das empfehlen sie allen anderen, die in eine vergleichbare Pitch-Situationen kommen.

Alles Gute!

Stichwortverzeichnis

1

1 Minute 17

4

400 Sekunden 33

A

Addison, Joseph 39

Adenauer, Konrad 48

Adjektiv, positive 71

Affektive Bedeutung ... 66

Agentur Pitch 21

Alleinstellungs-Merkmal 42

Andersen, Hans Christian 86

Anekdote 48

Appell 53

Argumentation 79

Aufbau, logische 51

Aufforderung 53

Aufmerksamkeits-Defizit 112

Auftreten, menschliche 43

Auftreten, rhetorische 43

Aufzug 16

Aufzugfahrt 10

Authentizität 41

B

Bedeutung, affektive .. 66

Begebenheit, wahre ... 49

Begegnen von Einwänden 101

Begeistern 97

Begeisterung 57

Beginn der Präsentation 46

Bergson, Henri-Louis 7

Berührung, emotionale 92

Bild 25, 34

Bindung, emotionale .. 92

Bindung, wechselseitige 96

Bittsteller 22

Blickkontakt 35

Bono, Edward de 76

Bumerang-Methode . 103

C

Chronologie 51

Citius, altius, fortius 12

Clemens, Samuel Langhorne 15

Corona-Pandemie 106

Corporate Identity 27

Creative Thinking 75

D

Demosthenes 10

Denken, flexible 81

Denken, kreative 75

Denkhut 76, 79

Denkzeit 46

Divisions-Methode ... 104

Dreiteilung 51

Dytham, Mark 32

E

Einspieler 47

Einstieg, direkte 50

Einstieg, überraschende 47

Einvernehmlicher Abschluss 105

Einwand 101

Einwand entwaffnen .. 98

Einwand, kritische 98

Einwandbehandlung ... 23

Elevator Pitch 15

Elevator Speech 18

Elevator Statement 18

Emerson, Ralph Waldo 56

Empathie 39, 40

Ende der Präsentation 52

Epikur von Samos 106

Erfolg 15

Erhardt, Heinz 46

Erlebte, persönlich 49

Erwachsenen-Ebene ... 88

Erzähler 93

Erzählung, moralische. 86

F

Fabel 94

Farbenblind 29

Femtosekunde 11

Feuer entfachen 56

Feuer überspringen

    lassen 58

Folie 26, 34

Folien-Beschriftung 27

Folieneinsatz 25

Folienlayout 27

Folien-Titel 29

Frage, rhetorische 47

Fülllaut 39

G

Gedankenwelt 40, 77

Gefühl 70

Geldgeber 7, 19

Geruchssinn 62

Gesang 86

Geschäftsidee 7

Geschichte 86, 89

Geschichte, Aufbau 90

Geschichte, Gestaltung

    92

Geschichte, Ziel 91

Geschwindigkeits-Pitch

    24

Gesprächspartner 40

Gewinner 22

Goethe, Johann

    Wolfgang von 48

Gorbatschow, Michail

    Sergejewitsch 11

H

Hauptteil der

    Präsentation 50

High Concept Pitch 18

Hilfsmittel 25

Hintergrundbild 107

Hut, farbige 77

Hutspiel 81

I

Innovation 74

Investoren Pitch 21

Isabella I. 82

Isolierungs-Methode 104

J

Japan 32

Johnson, Clarence

    Leonard 45

K

Kamera 109

King, Martin Luther 49

KISS-Methode 45

Klein, Astrid 32

Knigge, Adolph Freiherr

    120

Kolumbus, Christoph .. 82

Kommunikation 39

Kommunikation,

    eingeschränkte 111

König Johann II. 82

Körpersprache 112

Kreatives Denken 75

Kreativität 74

Kreativitätstechnik 76

L

Leonardo da Vinci. 25, 56

Linkshänder 26

M

Mainstream 75

Märchen 89

Match Pitch 18

Medien 25, 30

Mill, John Stuart 96

Moral 53

Multiplikations-Methode

    104

N

Nanosekunde 11

Stichwortverzeichnis

Nichtverstehen 39

Nomen, positive.........71

Nonkonformität 74

Norm.......................83

O

Online-Arbeitsplatz ...107

Online-Auftritt 107

Online-Einsatz 31

Online-Kommunikation
..........................106

Online-Pitch 110

P

Pecha Kucha.........32, 33

Pecha Kucha Nacht 33

Perfektion 31

Perspektivenwechsel ..81

Petscha-Kutscha.........32

Pitch.........................12

Pitch Deck 25, 32

Pitch Skill...................19

Poetry Slam...............86

Poetryslammer 86

Präsentation, Beginn...46

Präsentation, Ende......52

Präsentation, Hauptteil
..........................50

Präsentierende 25, 34

Projizierte Folie 26

R

Rebecque, Henri-
Benjamin Constant de
.........................74

Rechtfertigung 100

Rechtshänder 26

Rhetorik 39, 46

Rolle wechseln...........80

Rückfrage...................99

Rückfrage, kritische 23

Rückfrage-Methode..102

Rückstell-Methode ...102

S

Sales Pitch..................21

Schnelllebigkeit...........10

Schriftart...................28

Schuldzuweisung 76

Sehsinn 62

Sinn, auditive 61

Sinn, gustatorische 61

Sinn, kinästhetische 63

Sinn, olfaktorische 62

Sinn, visuelle 62

Sinne, fünf 63

Sinnesempfindung 60

Slam 86

Slammer 86, 87

Slampoet 86

Speed Pitching Session 24

Sprechweise 35

Start-Up 19, 20

Start-Up Pitch 19

Stimme 35

Storytelling 87

Streichholz Pitch 18

Struktur 44

Struktur des Hauptteils
..........................50

Synonym für
Umgangsformen .. 121

T

Tastsinn 63

Telemeeting 31

Tellerrand 74

Three-Word-Pitch.......18

Twain, Mark...............15

U

Überraschungsfrage ... 47

Übertragung 108

Überzeugen 97

Überzeugungs-Arbeit . 96

Umgang mit Menschen
..........................121

Umgangsformen.......121

Unique Selling
Proposition............42

Unklarheit................101

Unwort, rhetorische ... 64

V

Veranstaltung, digitale
..........................111

Verb, positive 71

Vergleich 49

Verrückt sein 82, 83

Verstehen 39

Verzögerungslaut 39

Videoclip 47

Vision 56

Visualisierung 25

Vorbereitung 21, 110

Vorteil 41

Vorteil-Nachteil-

Methode 103

Vortrag 89

Vortrag, literarische 86

Vorwegnahme-Methode

.... 102

W

Wagniskapitalgeber ... 19, 20

Win-Win-Situation 53

Win-Win-Strategie 98

Z

Zitat 48

Zuhörer 94

Zustimmung, nonverbale

.... 99

Zustimmung, verbale 100

Zweier-Präsentation . 110

Zweifel 97

Knigge als Synonym und als Namensgeber

Umgang mit Menschen

> *Suche weniger selbst zu glänzen, als andern Gelegenheit zu geben,*
> *sich von vorteilhaften Seiten zu zeigen, wenn Du gelobt werden und gefallen willst*
> **Adolph Freiherr Knigge, aus dem Buch „Über den Umgang mit Menschen", 1788**
> *(1752 - 1796)*

Adolph Freiherr Knigge

Schon zu seinen Lebzeiten war Adolph Freiherr Knigge (1752 – 1796) umstritten. Knigge setzte sich durch sein energisches Eintreten für die Ziele der Aufklärung, so wie er sie verstand, scharfen Angriffen aus. Er arbeitete als Romanschriftsteller und Satiriker, sowie als politischer Schriftsteller. Er gehörte den Freimaurern an. Heute ist Knigge vor allem seines Buches wegen ‚Über den Umgang mit Menschen' (1788) bekannt. Und zwar deswegen, weil sein Werk als Etikette-Buch angesehen wird.

Das große Missverständnis

Knigge verdankt seinen heutigen Ruf und Erfolg aber einem Missverständnis. Denn: Das Werk Adolph Freiherr Knigges gilt als Etikette-Buch ersten Rangs. Allerdings beschreibt Knigge keine Regeln wie mit Besteck umzugehen ist, oder das Verhalten bei Tisch, stattdessen offenbart er eine praktische Lebensphilosophie im Umgang mit Mitmenschen. Er gibt Anleitungen und Anregungen, wie mit seinen Mitmenschen richtig umzugehen ist. Knigge hoffte damit, dass die Menschen glücklich und froh miteinander leben könnten. Sein Buch erschien 1788 und war schon kurze Zeit in fast allen Haushalten zu finden. Über 200

Jahre lang prägte sich sein Buch im Bewusstsein der Leser als praktisches Handbuch über gutes Benehmen ein.

Über den Umgang mit Menschen

In drei Teilen seines Buches schrieb Knigge über den Umgang mit verschiedenen Menschengruppen, zum Beispiel:

- Über den Umgang mit Leuten von verschiedenen Gemütsarten, Temperamenten und Stimmungen des Geistes und des Herzens (Erster Teil, 3. Kapitel)

- Über den Umgang mit Frauenzimmern (Zweiter Teil, 5. Kapitel)

- Über die Verhältnisse zwischen Herrn und Dienern (Zweiter Teil, 7. Kapitel)

- Über das Verhältnis zwischen Wohltätern und denen, welche Wohltaten empfangen; wie auch unter Lehrern und Schülern, Gläubigern und Schuldnern (Zweiter Teil, 10. Kapitel)

- Über den Umgang mit den Großen der Erde, mit Fürsten, Vornehmen und Reichen (Dritter Teil, 1. Kapitel)

- Über die Art, mit Tieren umzugehen (Dritter Teil, 9. Kapitel)

Knigge heute als Synonym für Umgangsformen

Obwohl es heute klar ist, dass Knigge anderes verfolgte, als wir unter seinem Namen verstehen, soll ‚Knigge' als Synonym für den Bereich stehen, dem sich das vorliegende Buch widmet.

12 Ratgeber in der kleinen Knigge-Reihe

Der kleine ... -Knigge [2100] (Je € 9,70; 88 Seiten, 12x19 cm, kartoniert)

Anstands- und Banausen-Knigge [2100]
Business- und Kunden-Knigge [2100]
Büro- und Kollegen-Knigge [2100]
Gäste- und Gastgeber-Knigge [2100]
Gesellschafts- und Freunde-Knigge [2100]
Outfit- und Stil-Knigge [2100]

Interkulturelle- und Auslands-Knigge [2100]
Bewerbungs- und Vorstellungs-Knigge [2100]
Event- und Feste-Knigge [2100]
Gastro- und Tischsitten-Knigge [2100]
Speisen- und Exoten-Knigge [2100]
Trinkkultur- und Getränke-Knigge [2100]

12 x kleines Handbuch der Rhetorik 2100

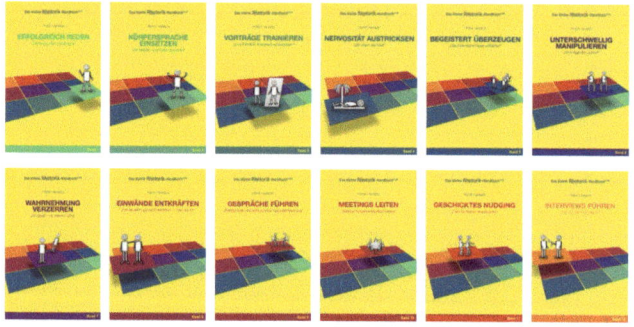

Der kleine Handbuch der Rhetorik [2100] (Je € 9,70; 100 Seiten, 12x19 cm)

Erfolgreich reden „Die Kunst, flott vorzutragen"
Körpersprache einsetzen „Mit Händen und Füßen sprechen"
Gezielt trainieren „Ich will endlich erfolgreich präsentieren!"
Nervosität austricksen „Mir zittern die Knie"
Begeistert überzeugen „Das rhetorische Feuer entfachen"
Unterschwellig manipulieren „Ich kriege dich schon!"

Wahrnehmung verzerren „Ich glaub' nur, was ich sehe."
Einwände entkräften „Das ist doch gar nicht machbar! – Oder doch?"
Gespräche führen „Zielorientierte und zeitsparende Gesprächslenkung"
Meetings leiten „Besprechungen erfolgreich führen"
Geschicktes Nudging „Das versteckte Anschubsen"
Interviews führen „Darf ich Sie mal fragen?"

4 Ratgeber in der Ego-Management-Reihe

Persönlichkeits-Management – Ego-Knigge [2100] Soft Skills, Selbst-Reflexion und Selbst-Bewusstsein
Stress-Management – Ego-Knigge [2100] Lampenfieber, Stressoren, Gerüchte, Mobbing, Burnout, Stressvermeidung

Zeit-Management– Ego-Knigge [2100] Umgang mit der Zeit, Organisation von Arbeitsabläufen, Perfektionismus, Zielsetzung
Gedächtnis-Management – Ego-Knigge [2100] Gehirn, Intelligenz, Schwachsinn – Hochbegabung, Gedächtnis, Lerntechniken.
Jeder Ratgeber € 14,90, 104 Seiten, A5, kartoniert

4 Ratgeber der Reihe Lebenseinstellung

Aberglauben-Knigge [2100] Von schwarzen Katzen, der linken Hand des Teufels und den Glücksbringern
Lügen- und Egoismus-Knigge [2100] Überleben durch Flunkern, Schummeln und Täuschen! Macht, Respekt, Wertschätzung? Lebenslüge und Lebensschutz
Glücks-Knigge [2100] Vom Glücklichsein, positiven Denken und von Freundschaften
Angst- und Optimismus-Knigge [2100] Die Furcht beherrschen, Ängste nutzen und positiv durchs Leben gehen.
Jeder Ratgeber € 12,95, 160 Seiten, A5, kartoniert

3 Ratgeber Bräutigam, Braut und Brautpaar

Bräutigam-Knigge [2100] Verlobung und Polterabend, Schwiegereltern und das Ja-Wort, Hochzeits-Outfit und Hochzeits-Kutsche
Braut-Knigge [2100] Brautkleid und Accessoires, Das große Hochzeitsfest, Höhepunkte und Hochzeitstanz

Brautpaar-Knigge [2100] Historisches und Sonderbares, Planung und Organisation, Aberglaube und Hochzeitsbräuche.
Jeder Ratgeber € 15,90, 104 Seiten, A5, kartoniert

2 Ratgeber Selbst-Coaching

Selbstbewusstsein Knigge [2100] Ich bin, ich kann, ich will. Das eigene Leben bestimmen, Soft Skills, The Winner 1.
Selbstwertgefühl Knigge [2100] Steh auf! Werde aktiv! Zeige Profil! Das eigene Leben beeinflussen, Motivation, The Winner 2.
Selbstoptimierung Knigge [2100] Optimistischer, attraktiver, authentischer. Das eigene Leben gestalten, Ansprüche, The Winner 3.
Jeder Ratgeber € 12,95, 120 Seiten, A5, kartoniert

Leben und Lifestyle

Das kleine Knigge-Quiz ^{2100} € 9,70; 96 Seiten, 12x19 cm, kartoniert

Jugend-Knigge ^{2100} Knigge für junge Leute und Berufseinsteiger, € 15,90; 152 Seiten

Zukunfts-Knigge ^{2100} Verfall der Sitten und Verlust der Wertschätzung? Umgangsformen in 100 Jahren. Zusammenleben mit Menschen, Maschinen und menschenähnlichen Robotern, € 14,95; 172 Seiten A5 kartoniert

Wertschätzung-Knigge ^{2100} Gleichberechtigung, Gender und Respekt, Sexuelle Orientierung, Umgang bei Diskriminierung und Mobbing, € 14,95; 152 Seiten A5

Hochzeits-Knigge ^{2100} Hochzeitsbräuche, Geschenke, Brautjungfer, Trauung, Festgäste und Festmahl, € 29,95; 310 Seiten A5

Ü65- und Senioren-Knigge ^{2100} Die junge Alten und die alten Jungen, Kommunikation und Verständnis zwischen den Generationen, Einsamkeit und technischer Fortschritt, € 19,95; 180 Seiten A5

Blumen-Knigge ^{2100} Historisches, Mystisches, Festliches, Blumen-Sprache, Umgang mit Blumen-Präsenten, € 19,95; 144 Seiten A5

Bekleidung! Ausdruck der Persönlichkeit – Lukas' Outfit-Knigge ^{2100}, € 19,95; 196 Seiten A5

Nudel-Knigge ^{2100} Himmlische Teigwaren, € 17,95; 140 Seiten A5

Der Interkulturelle Kompetenz-Knigge ^{2100} Kultur, Kompetenz, Eindrücke – Gesten, Rituale, Zeitempfinden – Berichte, Tipps, Erlebnisse, € 29,95; 240 Seiten A5

China-Deutschland-Knigge ^{2100} Chinesen in Deutschland, € 12,90; 104 Seiten A5

Dschungel-Knigge ^{2100} Umgang in ungewohnter Umgebung, € 23,95; 192 Seiten A5

Der Dicke-Knigge ^{2100} Aus dem prallen Leben des Dicken, € 15,90; 104 Seiten A5

Typisch Frau – Typisch Mann Knigge ^{2100} Unterschiede und Gemeinsamkeiten im Umgang mit dem anderen Geschlecht, € 12,95; 128 Seiten A5

Kulinarischer und Gastronomischer Knigge ^{2100} Von Events, Feiern, Aperitif über Esskultur, Speisen und Getränken zu zeitgemäßen Tischsitten, € 26,50; 284 Seiten A5

Klo- und Pinkel-Knigge ^{2100} Vom privaten und öffentlichen Bedürfnis - Umgangsformen im Tabu-Bereich, € 13,50; 104 Seiten A5

Omi hüpf' mal Märchen meiner Großmutter, Erlebnisse ihre Jugend und wahre Geschichten meines Vaters von und über Omi Rickchen, Hardcover, € 29,95; 312 Seiten

Der Hunde-Knigge ^{2100} Umgang mit dem Hund – Hundesprache – Der Hund in der Gesellschaft, € 17,95; 180 Seiten A5

Welcome to Germany-Knigge ^{2100} Umgangsformen, Verhaltensmuster und gesellschaftliches Miteinander im deutschsprachigen Europa, € 11,99; 108 Seiten A5

Besuch willkommen Knigge ^{2100} Einladung, Gast, Geschenk, Empfang, Feier, Gastfreundschaft, € 14,95; 200 Seiten A5

Mensch, Macht, Mörder ^{2100} Verfall der Umgangsformen?, € 14,90; 260 Seiten A5

Leben, Tod und Ansichten Austausch mit Berühmtheiten über Wichtiges und Unwichtiges im Leben, € 12,95; 116 Seiten A5

Leben, Tod und Überlegungen Austausch mit Berühmtheiten über Größe, Ewigkeit und Spaß im Leben, € 12,95; 116 Seiten A5

Tod, Trauer, Totenkult-Knigge ^{2100} Sterben, Trost, Takt, Bestatten, Tradition, Vorsorge, Tabus, Vergänglichkeit und Sonderbares, € 17,95; 212 Seiten A5

Corona-Knigge 2100 Umgang mit dem Virus, € 9,70; 88 Seiten 12x19, kartoniert

Leben und Lifestyle

    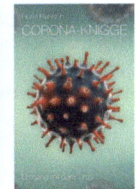

Rhetorik, Soft Skills, Hochschule, Beruf

Rhetorik ist Silber Von den ersten Schritten zu einer perfekten Präsentation, € 17,90; 144 Seiten A5, kartoniert, Zeichnungen

Moderation ist Gold Gesprächsführung, Umfragen, Talkrunden und Manipulation, € 17,90; 144 Seiten A5, kartoniert, Zeichnungen

Lebhafte Körpersprache in Vorträgen, Präsentationen, Gesprächen, € 17,90; 144 Seiten A5, kartoniert, ca. 290 Zeichnungen

Rhetoric – Mastering the Art of Persuasion, € 22,90; 144 Seiten A5, kartoniert

Discussion – Mastering the Skills of Moderation, € 22,90; 144 Seiten A5, kartoniert, Zeichnungen

Body Language in Europe, € 22,90; 144 Seiten A5, kartoniert, ca. 290 Zeichnungen

Körpersprache – Lüge, Verrat, Macht, Im Beruf, vor Gericht, beim Flirt – Gewinnerpose und Demutshaltung – Drohung und Zuneigung; € 29,95; 364 Seiten A5, kartoniert, über 400 Zeichnungen

Das große Buch der Rhetorik [2100] Tacheles reden; Präsentieren; manipulieren und überzeugen, € 37,45; 332 Seiten A5, kartoniert, viele Darstellungen

Trickreiche Rhetorik [2100] Psychologische Gesprächsführung, manipulierende Darstellung, unaufdringliches Nudging, € 37,45: 300 Seiten A5, kartoniert, Zeichnungen

Soft Skills-Knigge [2100] Soziale, Persönlichkeit, Selbstmanagement, € 37,45; 324 Seiten A5, kartoniert, viele Darstellungen

Schlagfertigkeit-, Spontaneität-, Stegreif-Knigge [2100] Impulsiv handeln, verbale Angriffe kontern, Störungen entwaffnen, € 13,50; 104 Seiten A5

Pitch Skills und Überzeugungs-Knigge [2100] Elevator Pitch, Geldgeber beeindrucken, Feuer versprühen, € 13,50; 128 Seiten A5, kartoniert

Smalltalk-Knigge [2100] Vom kleinen Gespräch bis zum charmanten Flirt - Kontakt ausbauen, Sympathie zeigen, Begehrlichkeit wecken, € 13,50; 100 Seiten A5

Quassel-Knigge [2100] Quasseln, Quatschen, Quengeln oder Lebenswichtige Kommunikation – Gezielt eingesetzte Rhetorik – Aussagekräftiges Profil zeigen, € 13,50; 112 Seiten A5

Hochschul-Knigge [2100] Studentischer Umgang in und außerhalb der Hochschule am Beispiel der Cologne Business School, 132 Seiten A5, kartoniert, Fotos

Jugend-Karriere-Knigge [2100] Schule und Studium, Netzwerk und Klüngel, Erfolg und Risiken, € 19,95; 224 Seiten A5, kartoniert, Zeichnungen, Checklisten

Bewerbungs-Knigge [2100] **für Frauen – Tina bewirbt sich / Bewerbungs-Knigge** [2100] **für Männer – Tom bewirbt sich**, Vorbereitung, Wahl der Kleidung, Verhalten beim Bewerbungsgespräch, je € 19,70; 128 Seiten A5, kartoniert, Fotos, Checklisten

Kreativitäts-Knigge [2100], Visionärhaft denken, Scheuklappen sprengen, Mentales Risiko eingehen, € 14,95; 164 Seiten A5, kartoniert

Team und Typ-Knigge [2100], Ich und Wir, Typen und Charaktere, Team-Entwicklung, € 14,95; 128 Seiten A5, kartoniert, viele Darstellungen

Die flotte Generation Y im 21. Jahrhundert, selbstbewusst – lebensbetonend – flexibel. Wie mit der Generation Y zielorientiert und erfolgreich gearbeitet werden kann, € 12,95; 116 Seiten A5, kartoniert, Zeichnungen

Die flotte Generation Z im 21. Jahrhundert, entscheidungsfreudig – effizient – eigenverantwortlich. Wie mit der Generation Z zielorientiert und erfolgreich gearbeitet werden kann, € 12,95; 140 Seiten A5, kartoniert, Zeichnungen

Telemeeting [2100], Digitale Konferenz, Online-Unterricht, Homeoffice, € 12,95; 104 Seiten A5, kartoniert

Rhetorik, Soft Skills, Hochschule, Beruf

Englisch:

  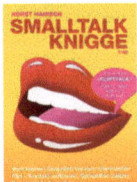 

  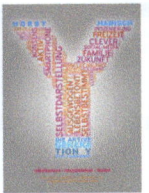  

Beratung, Coaching, Seminar

Wer hat nicht gerne mit Menschen zu tun, die selbstbewusst und selbstsicher mit anderen Menschen umgehen?

Geschäftspartnern, die die elementaren Regeln des ‚Benimms' beherrschen, stehen die Türen zum Erfolg offen.

seit 1987
Horst Hanisch Seminare

Unternehmen, die neben ihrer fachlichen Leistung auch ‚menschlich' überzeugen wollen, bieten wir für ihre Mitarbeiterinnen und Mitarbeiter aktives Training im Umgang mit Kunden, Gästen, Kollegen und Gesprächspartnern an.

Auf unserer Website informieren wir Sie über unsere Angebote:

- Firmen-Internes-Training
- → Business-Etikette und das Lehrmenü
- → Präsentieren, Moderieren, Kommunizieren
- → Körpersprache und ihre Geheimnisse
- Offen ausgeschriebene Seminare
- → Teuflische Rhetorik
- → Flottes Reden vor und zu anderen

- → Der erste Eindruck
- → Ladies Power
- Individuelles Einzelcoaching
- → Authentisches Auftreten
- → Dress for Success
- → Verhandlungstechniken
- → Persönlichkeit
- Interkulturelles Training
- Freundlichkeits-Checks in Unternehmen

- Workshops
- → Soft Skills
- → Team-Training
- Intensiv-Training für
- → TV-Auftritte
- → Vorträge
- → Präsentationen
- → Reden
- Fachliteratur und Arbeitsunterlagen
- Vorträge/Speaker
- → Vor kleinem und vor großem Publikum

Individuelles Coaching für Einzelpersonen: Und, wer es ganz individuell mag, greift zurück auf ein Einzel-Coaching, auch als Online-Coaching. Hier werden ganz persönliche Herausforderungen angegangen, mit Themen wie:

- Interkulturelle Kompetenz
- Selbstsicheres Auftreten
- Präsentations-Techniken
- Erfolgreiche Verhandlungsführung

- Der Erste Eindruck
- Bewerbungstraining
- Rhetorik und Überzeugungskraft

und andere Themen – direkt auf die besonderen Bedürfnisse des Einzelnen zugeschnitten.
Besuchen Sie uns auf www.knigge-seminare.de